これで成功する
やさしい英語で
できる
研究プレゼン

理工・技術系／経済・社会系の
場面別文例と基本スキル

藤井正嗣・森住 史 著

日興企画

■はじめに

◆異質なキャリアをもつ２人によるユニークな合作

　本書は，学者であり，大学教授であり，通訳者でもある森住と，30年間ビジネスパーソンとしてのキャリアを積んだ後，大学教授に転身をした藤井との合作による，きわめてユニークな学術プレゼンの本です。

　まったく異質のキャリアでありながら，2人とも大学で英語を教え，コミュニケーションに多大な関心をもっているという点では共通しています。森住は大学での教育と社会言語学の研究に加え，現役の通訳者として現場の第一線でも活躍しています。藤井は大学での教育・研究に加え，多くの企業人向けのセミナーで，グローバルリーダー育成のためのMBAの諸科目，異文化対応，交渉などのプログラムを日英両言語で指導しています。またNHK教育テレビで「交渉」や「MBAベーシックス」の講師を務めたこともあります。

　このように異質でありながら基本的なところで共通部分をもつ2人が，なぜ本書のような学術プレゼンテーションの本を手がけるに至ったか。それは，以下のような共通の問題意識からです。

　　①─日本人は英語への苦手意識が強すぎて損をしている。
　　②─日本人は実力以下の評価しか受けていない。
　　③─類書は非科学的なものが多く，使いづらいし，おもしろくない。

　ちょっとドキッとするようなコメントもはいっているかもしれませんが，それぞれについて少し詳しく説明しましょう。

◆英語への苦手意識の払拭と効果的なプレゼン

　①─「英語が下手だ」と世界的に有名な（？）日本人に流暢な発音や完璧な文法を期待する人はまずいません。まれにそういう人がいたとしても，「日本人の割には英語が上手だね」でお仕舞いになるのが関の山です。

ある著名なドイツ人の学者が学会の冒頭のスピーチで，"English is no longer our standard language. Our standard language is bad English."といって聴衆を沸かせたそうです。この大家がいいたかったのは，発音や文法などの細かいところにこだわらず，自由闊達で本質的な議論を交わしてほしいということだったのです。これでいいのです。

　ある日本人のコンサルタントはアメリカでのセミナーの講師を務めた際に，"I am not a native speaker of English."と日本語訛り丸出し（？）の英語でわざと切りだし，失望・懸念・軽蔑する参加者を前に涼しい顔で，"I am a native speaker of global English."といってのけたそうです。その後のセミナーが楽しく和気藹々に進んだのは想像にかたくありません。

　日本人の英語下手を日本の英語教育のせいにする人もいますが，少なくともプレゼンにおいては，中学・高校の教科書さえきちんとマスターできていれば十分だと申し上げておきましょう。

　②——ノーベル賞の元選考委員が端的に「日本人科学者は，内容的には同等であっても，英語力が不十分なために同じアジアでも中国や韓国の研究者と比べて損をしている」という発言をしていました。それなら本職の研究に注ぐ時間と労力を犠牲にしてでも英語をいまから必死で勉強するぞというのは，やや短絡的でかつ本末転倒のそしりをまぬかれません。

　学術プレゼンの究極の目的はできるだけ多くの人に自分の研究に関心をもってもらい，論文を読んでもらうことだといえます。この究極の目的をゴールと設定して，「できるだけ多くの人の関心を引く効果的なプレゼンの仕方を効率的に身につけましょう」というのが本書の狙いです。

◆使いやすく，覚えやすく，科学的に解説

　③——たぶん，この「主張」が一番刺激的かもしれません。こうした極端な主張をする目的は諸先輩方の労作にケチをつけるということでは決してなく，それでなくても英語に対する苦手意識をもっている日本の学術研究者に対して「使いやすく」「覚えやすく」，多少なりとも「科学的」で，従来にはなかった学術プレゼンの本を提供したいという強い思いが発露したものです

ので，もし失礼があればご容赦ください。

　それはさておき，より本質的で重要だと思われるポイントは，「プレゼンは科学かアートか」ということではないでしょうか。現存，出版されている類書の現状を見てみましょう。

　いわゆる「科学・技術プレゼン」と銘打ったものでも，厳密な理論や真理を探究するはずの学者が書いたもののわりには，たんに経験や観察だけに基づいた俗人的で非科学的なものが多いのではないでしょうか。

　また，思いつきで書かれている分，覚えにくいし，残念ながらおもしろくないと感じるのは私たちだけでしょうか。人間が人間を相手に行なうプレゼンなので厳格に科学的とはいかないまでも，「類書にないフレームワークや使いやすいテンプレートを提供したい」と考えた次第です。

　なお，サンプルプレゼンと凡用性が高いと思われる文例はCDに収録しました。ご活用ください。

＊　　　　　＊　　　　　＊

　学問に関わる部分は学者で研究者である森住が担当し，プレゼンスキルやフレームワークの構築についてはアメリカの大学院での学位プレゼンや学部生の指導，さらにさまざまな国でのビジネスプレゼンの経験豊富な藤井が担当しました。つまり，序章と第1章～第9章および「英訳コーチガイド」を森住が，終章を藤井が執筆し，お互いに検討しあって仕上げました。

　私たちのこうした思いが読者のみなさまに伝われば，著者としてこんなうれしいことはありません。何よりも本書を自在に使いこなすことで，多くの読者の方々の学術プレゼンが世界中で大成功すれば，望外の喜びです。

　本書の出版にあたり日興企画社長の竹尾和臣さんと出版部の伊東京子さんには大変お世話になりました。とくに企画から造本までアメとムチで私たちを巧みに誘導していただいた友兼清治さんには厚く御礼申し上げます。熱い想いを書籍を通じて読者に伝えたいという点において同氏は最高の同志であり，プロフェッショナルであることに改めて敬意を表したいと思います。

　　2009年1月

藤井　正嗣

■目次

- ●はじめに ……………………………………………………… 3
- ●本書の上手な使い方と活かし方 ……………………………… 11

＊ CD は節単位で収録してあります。

◆基礎編

序章＝英語での学術プレゼンとは何か
　　　──主張や提案を的確に伝えるために

- ❶─学術プレゼンの特徴とは何か ……………………………… 12
- ❷─日本語圏と英語圏の文化の違い …………………………… 15
- ❸─内容をどう構成するか ……………………………………… 19
- ❹─準備は用意周到に …………………………………………… 22
- ●─サンプルプレゼン "How Much Exercise Do We Need Indeed?"
  ………………………………………………………… CD1 … 24

◆文例編

第1章＝提案を概観する
　　　──自信をもって大きな声でゆっくりと／イントロダクション

- ❶─冒頭の挨拶 ………………………………………… CD2 … 32
- ❷─提案を始める ………………………………………………… 34
- ❸─研究の主題や目的を明示する …………………… CD3 … 38
- ❹─研究の性格を概観する ……………………………………… 41
- ❺─研究の結論を予告する …………………………… CD4 … 44
- ❻─先行の研究を概括する …………………………… CD5 … 46
- ❼─発表の構成を予告する …………………………… CD6 … 50

❽──本論にはいる ………………………………………………………… 53

第2章＝課題を提示する
───── 自説を展開する大事な一歩／ボディー①

❶──問題の所在を明確にする ……………………………… CD7 … 58
❷──用語や概念を定義する ………………………………………… 61
❸──分析や実験・検証の方法を示す ……………………… CD8 … 63
❹──方針や特徴を明示する ………………………………………… 65
❺──研究の重点を明確にする ……………………………… CD9 … 68
❻──考察の対象を限定する ………………………………………… 71

第3章＝諸説を検討する
───── 他説との共通点・相違点を明確に／ボディー②

❶──この分野の研究の動向に言及する …………………………… 76
❷──他説の研究結果を紹介・例示・援用する …………………… 80
❸──他説の研究との相違点・共通点を指摘する ………………… 82
❹──他説の研究結果を評価する …………………………………… 85
❺──他説の研究結果を批判する …………………………… CD10 … 87

第4章＝自説を展開する
───── 研究の経過や結果を詳しく丁寧に／ボディー③

❶──仮説について述べる …………………………………………… 92
❷──自説の核心に触れる …………………………………… CD11 … 94
❸──データや資料，数値の扱いを説明する ……………… CD12 … 97
❹──分析や実験・検証の結果を考察する ………………… CD13 … 99
❺──理由や根拠を示す ……………………………………………… 101
❻──原因や由来を追究する ………………………………………… 104
❼──因果関係を示す ………………………………………… CD14 … 106
❽──例をあげる ……………………………………………………… 107

❾―研究結果を位置づける ……………………………………… 109

第5章＝論述を制御する
――努めて明瞭に簡潔に説得的に／ボディー④
❶―検討する ……………………………………… **CD15** … 114
❷―強調する ……………………………………………… 116
❸―弱調する ……………………………………………… 119
❹―整理する ……………………………………… **CD16** … 121
❺―換言する ……………………………………………… 123
❻―明確にする …………………………………… **CD17** … 125
❼―追加する ……………………………………………… 127
❽―話題を変える ………………………………………… 129
❾―仮定する ……………………………………… **CD18** … 131
❿―意見をいう …………………………………… **CD19** … 133

第6章＝図表を活用する
――ビジュアルエイドを駆使して効果的に／ボディー⑤
❶―ビジュアルエイドを活用する ……………… **CD20** … 139
❷―写真やビデオを使って説明する …………………… 141
❸―図表を使って説明する ……………………… **CD21** … 142
❹―グラフ・円グラフを使って説明する ……………… 146
❺―折れ線グラフの特徴 ………………………………… 147
❻―折れ線グラフを使って説明する …………………… 149
❼―図中の位置を説明する ……………………………… 154

第7章＝心情を吐露する
――興味や関心や挫折を聴衆と共有する／ボディー⑥
❶―研究の動機を話す …………………………… **CD22** … 160
❷―研究中の戸惑いを話す ……………………………… 162

- ❸―研究の方向を転換する ……………………………… 163
- ❹―失敗や挫折に触れる ………………………………… 165
- ❺―研究の経緯を語る …………………………………… 166
- ❻―研究から得た教訓を語る …………………………… 168

第8章＝結論を述べる
──提案や主張の要旨と定着をはかる／コンクルージョン

- ❶―経過や論旨を要約する ………………………… CD23 … 172
- ❷―結論を確認する ………………………………… CD24 … 174
- ❸―疑問や反論を予想する ……………………………… 177
- ❹―今後の展望を述べる ………………………………… 179
- ❺―謝辞を述べる ………………………………………… 182
- ❻―結びの挨拶 …………………………………………… 184

第9章＝質疑応答する
──相互理解と積極的な意見交換／インタラクティブ・コミュニケーション

- ❶―質問や意見を促す―――提案者 ……………………… 190
- ❷―質問する―――――――聴衆 ………………………… 191
- ❸―答える――――――――提案者 ………………… CD25 … 193
- ❹―感想を述べる―――――聴衆 ………………………… 196
- ❺―意見を述べる―――――聴衆 ………………………… 198
- ❻―質疑応答を締めくくる――提案者 …………………… 200

◆技術編

終章＝成功に導く効果的な戦略と技術
──聴衆を魅了するスキルとツール

- ❶―成功するための戦略フレームワーク ……………… 206
  ビジョン／戦略／オリジナリティー／情熱

❷──スキルアップの心得とコツ ………………………… 210
　　書かれたものと話されたもの／聴衆の集中度／学術プレゼン
　　の構造／オープニングのコツ／スライド作成／数字の扱い／
　　非言語コミュニケーション／英語力／VSOPモデル
❸──プレゼンの達人になるための自習ガイド ………………… 227
　　準備／導入／ボディー・コンテント／結論／ビジュアルエイ
　　ド／発表／目的／全体（総括）

● **Tips for Translation**（英訳コーチガイド）
　❶──英語は何よりもシンプルな構文にしよう…………… 56
　❷──長い日本語での文をシンプルな英語に訳すには…………… 74
　❸──情報の因果関係に着目して短文にしよう…………… 90
　❹──受動態より能動態を効果的に使おう…………… 112
　❺──論調の強弱に適切な表現を選ぼう…………… 136
　❻──品詞を変えて単調さに変化をつけよう…………… 158
　❼──間違えやすい英訳に注意しよう…………… 170
　❽──丁寧さと曖昧さの表現に気を配ろう…………… 188
　❾──メッセージを正確に伝える英語にしよう…………… 202

装丁……………………………………（株）クリエイティブ・コンセプト
イラスト………………………………アイコウカオリ
本文レイアウト………………………………峰啓輔＋アイコウカオリ

本書の上手な使い方と活かし方

「英語でプレゼンをしなくてはいけないけれど,どうしよう」とやや不安を抱えてこの本を手にとられた方への本書の使い方ガイドです。

①——プレゼンそのものに不慣れの人であれば,まずは取り組み方が説明されている**序章**から読むことをお勧めします。8分ほどの**プレゼンのサンプル**もありますから,そこで全体の流れを確認してください。**終章**は戦略と技術のエッセンスの紹介。解説が実践的で初心者にも経験者にも有効です。

②——第1章から第9章までの**文例編**は,日本語原稿を英訳するというパターンを念頭に,プレゼンの流れに沿って,よく使われる例文が日英両語で提示されています。英文はかならずしも日本語文の直訳ではありません。表現が特有で,お互いの言語にピッタリ共通するものがない場合は英文の下に**注**をつけています。文法上の留意事項やキーワードなども注で解説してあります。各章末にあるコラム「**英訳コーチガイド**」は,この文例中の注とともに英訳する際のコツを伝授します。独立して読むことも可能です。

③——文例中の**キーフレーズ**には太字で日英の対応個所がわかるようになっていますが,かならずしもきれいに1対1対応とはいかず強引に選んだのもあります。日英両語の性格を考えるきっかけになればと思います。

④——日本文と英文に距離があるときは,逆に英文を日本語訳した**直訳**を添えました。英文が**複数例**あげられている場合は比べてみてください。英語だけでなく,日本語を見つめ直す良い機会になるかと思います。

⑤——英語例文を**自分のプレゼンに使うとき**は,動詞は動詞,動名詞は動名詞,所有格は所有格というように,まず入れ替えるパーツの性格が文法上同じ機能を持った言葉であることを確認してください。名詞の単数や複数,代名詞などを自分が伝えたい内容に沿って適切に変える必要もあります。

＊　　　　　＊　　　　　＊

自然な英語にしようとすると,日本語の文に忠実でないこともあります。本書を通じて,日本語と英語の文化の違いを楽しみつつ,英語的な発想を身につけ,プレゼン力を高めるお手伝いができたら,こんなにうれしいことはありません。ぜひ,チャレンジしてみてください。

(森住史)

序章
英語での学術プレゼンとは何か
――― 主張や提案を的確に伝えるために

　自分が精力を傾けて研究してきた内容と成果を発表するというのは，とても喜ばしい機会であると同時に緊張を強いられる経験でもあります。ましてや，それを英語で行なうとなると，なおさらです。でも，せっかくのチャンスですから，プレゼンの場に来てくれた人には研究成果をきちんとわかってもらいたいですよね。ほかの研究者との意見交換も，ぜひ楽しみたいところです。では，プレゼンを成功させるためにはどうしたらよいのでしょうか。

❶―学術プレゼンの特徴とは何か

　プレゼンが成功するか，不成功に終わるかは英語力だけに左右されるのではありません。内容の組み立て方や発表の仕方しだいで，説得力や印象はどのようにも変わります。つまり，そのことを心得ているか否かが大きな鍵を握ります。

　どのようなプレゼンにも「目的」があり，その目的をはたさなければ意味がありません。ビジネスプレゼンの場合ならば，「自社の製品を買ってもらう」というのが1つの典型的な例でしょう。つまり，情報を伝えた後，「自分にとって利益をもたらしてくれるような行動を相手に起こさせる」ということがその最大の目的であるといえます。

　では，学術プレゼンは何を目的にし，その目的を達成するには何が必要なのでしょうか。日本語と英語に共通する学術プレゼンの特徴と重要な要素を説明します。ここでプレゼンの基本姿勢を理解することで，後述の具体的なアドバイスにも納得がいくことと思います。

◆目的

　学術プレゼンの最終的な目的は,「自分の研究に興味をもってもらい,研究の意義をほかの研究者にも認めてもらう」ということです。そのためには以下をうまく伝えることが重要となります。

　　＊主題：研究が対象としているものごとや現象
　　＊問題意識：その研究を始めた動機
　　＊その問題に対する取り組み方法：リサーチメソッド／実験方法
　　＊研究結果：事実として浮かび上がった事象／実験結果
　　＊その結果が示唆すること：自分なりの結論
　　＊その研究の意義や目的：専門分野や関連・応用分野に対する貢献

　以上のそれぞれの項目をどのように構成していったら良いかについては,本章の「③—内容をどう構成するか」の項で説明します。

◆聴衆

　ビジネスプレゼンは違う業種あるいは異なる立場や役割をもつ人たちが集まりますが,学術プレゼンはそれとは違い,共通の興味や関心をもつ学者や研究者など比較的に同質な人の集まりとなります。その結果,次のような特徴と留意点があげられます。

　第1に,学会に集まっているほかの研究者は,若手の研究者をサポートしてくれる暖かさと同時に,プレゼンターを批評するだけの「経験」と「頭脳」を兼ね備えている——ということです。励ましとともに鋭い批判も覚悟して臨みましょう。批判的なコメントをされることもあるかもしれませんが,「そういう見方もあったのか。見落とした部分を指摘してくれているのだからありがたい」と前向きに捉えましょう。

　場合によっては質問や指摘が見当違いということもありますが,それはプレゼンター本人以上にそのトピックに詳しい人はなかなかいないはずだからです。謙虚に,しかし,また同時に自信をもってプレゼンをしてください。

　第2に,聴衆は「素人」ではないけれども,といってかならずしも同じ専門分野の人ばかりとも限らない——ということです。

●序章＝英語での学術プレゼンとは何か

　英語教育の学会を例にとってみましょう。その場には，大学の理工系英語教育の専門家も，19世紀イギリス文学の研究者も，評価法の専門家も参加しているでしょう。そのほか音韻論・意味論・CALL（コンピュータを使った学習方法）・言語政策などさまざまな分野の専門家も同席されているにちがいありません。

　ですから，自分が使い慣れた専門用語をすべての聴衆がわかってくれると思ってはいけません。自分の発表で使う用語の概念をきちんと定義をしつつ話を進めることが大事です。

◆適切な表現

　学術プレゼンでは，論文同様，100パーセント事実として言い切れること以外は hedging（断定的に言い切らない言い方をすること）が多くなります。さもないと，その場にいるほかの研究者にたちまち反証されることにもなりかねません。

　ビジネスプレゼンなら，「日本市場はXであるのでYというアクションをとるべきです」というような簡潔な表現が好まれる傾向にあります。しかし，学術プレゼンで同様の内容を発表するなら，「最近の日本市場，とくに都市部においてはXの傾向を強めてきているので，Yというアクションをとると成功しやすいと思われます」と表現することになります。そのような「言い切らない」表現の例を以下にいくつかあげてみます。

　　［よく使われる表現］
　　一般的には------------ in general／in most cases／generally
　　大半は，多くの場合 ----- in many cases
　　比較的 --------------- relatively／rather
　　〜る傾向がある -------- tend to〜／be + likely to〜
　　〜といえる------------ It can be said that〜／You could say that〜
　　〜と思われる---------- It is considered that〜／It is very likely that〜
　　〜のようだ------------ It seems that〜 ／I would say that〜
　　〜する可能性がある ----- 主語 might〜／主語 could〜

本書の例文にもこのような表現がたくさん取り上げられています。ぜひ，参考にして適切な表現を身につけてください。

◆制限時間

学術プレゼンでは，与えられた時間内に要点を簡潔にわかりやすく伝えることが非常に大切です。制限時間がかなり厳しく決められていますので，その範囲内に話を終えられなければ，伝えるべきことが伝わらないまま終えざるを得なくなり，プレゼンの目的をはたせません。

そこで，制限時間を確認すること，プレゼンの構成を丁寧にすること（とくにイントロ部分），そして，本番前に何度も練習することが成功への鍵となります。論文1本分すべての情報を盛り込むことはまず不可能ですから，前記の「プレゼンの目的」であげた要素をうまくまとめ，詳細は省くか，あるいはかいつまんで説明するといった編集作業も必要になります。

制限時間は学会ごとに異なりますが，一般的にプレゼンそのものが20～30分，その後に5～10分ほどの質疑応答という形式が多いようです。しかし，医学や理工系の場合，ときには1人の持ち時間が10分ほどしかないということもあります。

❷ 日本語圏と英語圏の文化の違い

日本語を母語としている人と英語を母語としている人では文化的な，あるいは歴史的なバックグラウンドが異なります。言葉はコミュニケーションのもっとも重要なツールであるだけに，その違いが強く反映されているといえます。それがまた英語でのプレゼンにも影響しています。

◆思考のスタイルが違う

日本人のプレゼンは，英語圏の人たちには「わかりにくい」と思われてしまうことが多いようです。なぜなのでしょうか。

英語圏の人たち，あるいは英語でのプレゼンに慣れている人たちにたずねると，まず理由として「まわりくどい」「情報が多すぎて整理されていない」

●序章＝英語での学術プレゼンとは何か

ことがあげられます。しかも，それがあまり流暢とはいえない英語で発表されるとなれば，話し手にも聞き手にもフラストレーションがたまってしまいます。

　日本人的な発想では，まず初めに背景や経緯についていろいろと説明したくなります。すると，発表時間の最後の2分でやっと結果について話をするということにもなりかねません。この日本的なパターンは時系列に沿ってはいますが，「それで，結局なにがわかったのか」ということが知りたい聴衆はイライラしながら話を聞いているかもしれません。これは日本語文化と英語文化の大きな違いの1つといえます。

◆英語プレゼンの基本的なスタイル

　英語でのプレゼンではとくにイントロが大事です。このイントロ部分で，先述した項目のうち主題と目的，経緯と手法，結果をまず簡略に述べてしまうのが一般的です。ただ，結論まで述べてしまうのがベストかどうかは研究の内容や目的にもよるでしょう。一番おいしいところは最後までとっておくという方法が効果的な場合もあります。

　そのイントロに続いて研究の詳細を主要ポイントに絞って話し，結果を再度提示し，それによってこういう結論が導きだされるというように話を進めます。あるいは，イントロ部分で結論まで話したならば，「では，なぜそういう結論に至ったのか」ということを改めて本論で話していきます。

　このように，最初に簡潔に結果（結論）まで提示し，その後で詳細を報告・検討していくのが英語でのプレゼンの基本的なスタイルです。

　この構成を描いて提示することがイントロ部分の重要な役割になります。つまり，「最終目的地と，そこに至るまでの道筋を示した地図をわかりやすい道標とともに渡して説明する」といった感じで進めるのが，「英語でのプレゼンの王道」といえるでしょう。

◆構成力がプレゼンの成否を分ける

　このように，英語でのプレゼンの際は「構成のはっきりしているプレゼン

にする」ことが何よりも肝心です。その点では，プレゼンも論文を書く際の要領と同じですが，先述したように，論文1本分の内容のすべてを1度のプレゼンに盛り込むのは時間的にも無理な話です。

　そこで，主要なポイントを絞り込み，それを支えるどうしても落とせないディテイルを選択していきます。ここでいう主要なポイントは，そのまま前述の「学術プレゼンの目的」，つまり「伝えるべきこと」に重なります。強調すべきところは強調しますが，あまり重要でないと思われるところは削る。しかも，自分がそういう判断を下し，その判断に沿ったプレゼンをしているということを相手に伝えることが必要です。その成否が，英語プレゼンが成功するかどうかの分かれ目になるといえます。

　サンプルプレゼン（24ページ参照）に目を通してみてください。サンプルプレゼンの後の解説を見ていただくことで，おおまかな構成が見えてくるのではないでしょうか。

◆才能ではなく努力

　また，英語のネイティブにしても，こういったプレゼンのやり方や論文の書き方は生まれつきもっている能力というわけではありません。彼らも大学などで学んでいるからこそ英語圏で認められる形式の論文を書いたり，プレゼンをしたりするといったことが可能なのです。

　日本人にしてみれば，「なぜそこまで構成を準備しなくてはいけないのか」「めんどうな作業ではないか」と思えるかもしれません。しかし，逆にいえば，その典型的な構成さえ身につけてしまえば，あとはその形式にあてはめていくだけで良いともいえます。

　ですから，最初はむずかしいとか，めんどうくさいとかと思うかもしれませんが，ちょっとがまんして身につけ，自分のものにしてしまいましょう。

　じつは，この英語でのプレゼンの構成や方法は日本語で行なう学会やセミナーなどアカデミックな場でのプレゼンにも使えますので，その基本的な形式を一度，身につけてしまえば何度でも使えます。ですから，いま，ちょっとがんばっておくことが自分に対する効果的な投資になるといえますね。

●序章＝英語での学術プレゼンとは何か

◆書き言葉から話し言葉の英語へ

　「英語でプレゼンをしなくてはならないけれど，自信がなくて」という人の多くは，受験英語で英作文はやってきたけれど，「話し言葉」という観点で日本語を英語に訳すということは考えたこともなかったのではないでしょうか。

　話し言葉といっても，プレゼンの場は友だち同士の会話とは違いますからカジュアルすぎても困ります。そこで，まずは不必要に複雑な文は作らなければ良い——と肝に銘じましょう。

　こういう話題になると，「英語でプレゼンをするなら，日本語から英語に訳すのでなくて，最初から英語の思考回路で考えなさい」との助言が返ってくることもたびたびあります。そういわれても「英語の思考回路なんてもっていないし，無理」という人も多いでしょう。英語を母語としない私たちからすれば，当然の反論といえます。

　そこで，カジュアルすぎず，しかし，口にして無理のない英語で自分の考えを表現する工夫が必要になるのです。

◆プレゼン英語に訳す工夫

　「まず原稿をすべて日本語で書いてからでないと始まらない」というのなら，それはそれでもかまいません。でも，その際には日本語でのスピーチを英語でのスピーチに変換しやすくなるように，いくつか工夫をしてみましょう。

　たとえば，学会でのプレゼンは，あらかじめ提出した論文を元に発表するのが普通です。とすると，ついつい自分の書いた論文を読み上げれば良いのでは——と思いたくなりますが，お互いの顔を見ながら生身の人間が生身の人間に対して話をするプレゼンでは，原稿の読み上げは非効果的です。論文と違って「私」とか「我々」とかいう主体も表にでてきます。

　論文では，多くの場合，I を主語にするのを避けて，より客観的（であるかのよう）な表現を使いますが，プレゼンでは "I would like to prove that…" "I would like to explain that…" のように I を使います。また，"It was found that..." よりも "We found that..." というように，形式的な主語の It の代わりに We もいろいろな場面で使われます。

同様の理由で，プレゼンでは "Three problems were identified."（3つの問題が確認されました）よりも "We identified three problems."（3つの問題を確認しました）のほうがふさわしいように，論文では多用される受動態（いわゆる「受け身」）は，話し言葉では使用頻度が減ります。

文の長さも論文とプレゼンではかなり違います。書き言葉はワンセンテンスが長くなる傾向があるのに比べ，話し言葉では短めが多くなり，文のつなぎも .... and ... and ... but...と，シンプルな表現が多用されます。長くて複雑な構造のセンテンスは聞き手も処理しづらいからです。

そのほか「情報の因果関係に着目する」「英語に訳しやすい日本語に解釈しなおす」「単調さに変化をつける」などいろいろな工夫（コツ）があります。各章末の「英訳コーチガイド」を参考にしてみてください。

❸―内容をどう構成するか

日本語で話すときは構成をことさら意識しなくても，論旨がカバーできれば，聴衆が誤解したり，曲解したりすることはあまり起こりませんが，先述したように，英語で行なうプレゼンでは構成が大きな意味をもってきます。なぜなら，英語では情報の整理の仕方や話のつなぎ方，結論や結果のまとめ方などアウトラインが基本的に決まっているからです。とはいえ，そのことに英語と日本語のプレゼンで大きな違いはありませんから，ここで提示されている構成はそのまま日本語のプレゼンにも応用できます。

◆第1部：イントロ

第一印象はやはりとても大切です。人と人との関係や面接と同じです。「あっ，このプレゼンはおもしろそうだな」と思ってもらえるきっかけはイントロにあります。また，このイントロがしっかりしていれば，たとえ細部は後で忘れられたとしても，あなたの発表が何についてであり，どんな結論が導かれたのかを覚えていてもらえます。

19

●序章＝英語での学術プレゼンとは何か

　先述しましたが，聞き手は「このプレゼンはこういう目的をもったもので，このトピック内容と経過をこういう順番で話します」と最終目的地までの「地図」をあらかじめ渡されることを好む傾向があります。その方が落ち着いて聞いていられるだけでなく，地図からの脱線や不整合な論理がでてきたときに疑問をもちやすく，かつ批判的（欠点を見つけるということではなく，プラスもマイナスも含めて客観的に捉えるという意味）にプレゼンを評価できるというメリットがあるからです。

　では，このことは話し手にはどんなメリットがあるでしょうか。しっかりしたイントロがあれば，自分のプレゼンを客観的にコントロールすることができ，良い意味での「縛り」になります。つまり，脱線したり，あまり重要でない細部に時間を割いたりといったことを防ぐ役目をはたします。

　日本人には「起承転結」という構成に慣れている人が多いかもしれません。歴史的な変遷や周囲を取り巻く状況など背景を念入りに話した後で本題にはいり，その後も紆余曲折をいろいろ取り上げた揚げ句にやっと結論部分に至るというスタイルです。でも，大方の聴衆は「結」まで辛抱強く待ってはくれないものなのです。

　さて，おさらいですが，イントロに含めるべきは以下のアイテムです。
* 主題：簡潔かつ明確に伝える。
* 目的：先行研究のへの反論／新たな理論の提案／進行中の研究の報告／理論を数字で示す立証など。
* 手法：フィールドワーク／統計学的分析／実験室での実験／文献リサーチなど。
* 結果：実験の結果やデータなど。
* 結論：結果からいえることは何か。
* 意義：自分の研究内容と結果が，関連分野にどういう貢献をしたといえるのか。
* 構成：自分のプレゼンの概要を「まずはじめに」「2番目に」「最後に」という表現を使って伝える。

　それぞれの項目を序章の最後にあるサンプルプレゼン（24ページ）を参考

――――――――――――――――――――基礎編◆

に確認してみてください。

◆第2部：ボディー――――――――――――――――

　さて，しっかりしたイントロができれば，あとはその地図に従って主要なポイントを論理的につなげ，提示しながら進んでいきます。

　本論の出だしでは，研究を始める際にもっていた問題意識を再度確認しましょう。「なぜ，その研究に着手したのか」という問題の捉え方とアプローチの仕方を伝えます。

　次に先行研究のまとめです。これもすべてをプレゼンに含めようとしたら，それだけで持ち時間が終わってしまうでしょうから，主要なもの，自分の研究にもっとも関係あると思われるものに限ります。

　そして，問題解決のために自分が選んだ手法を説明します。インタビューなら，何人の，どのような被験者を対象にしたのか，実験なら，どのような実験をしたのかなどに加え，なぜその手法が研究の目的に適うと判断したのかも伝えます。そして，ここでイントロでも触れた結果，たとえば数量的なデータ，あるいは質的なデータなどをさらに詳しく説明します。

　最後に，結果をどう解釈すべきか，結果の示唆することは何かという自分なりの結論を提示します。

　ここで大事なのは主要なポイントをそれぞれ明確かつ簡潔に伝えることと，それをサポートするのに十分な情報を提供することです。ただし，情報は多すぎると時間がオーバーになったり，主要なポイントまで忘れられてしまったりということになりかねませんから注意しましょう。

　そこで，大事になるのが後で述べる「準備と練習」です。「ほんとうはいいたいけれど，時間の制限があって全部は伝えられない」という個所に関しては，「これ以上は論文集の○ページを参照してください」「詳しいデータの表はお手元の資料○ページ目にあります」「この点に関してのもっと詳しい情報が必要でしたら質疑応答の際におたずねください」という形で処理することも可能です。

● 序章＝英語での学術プレゼンとは何か

◆第3部：コンクルージョン

　最終のまとめの部分では，再度プレゼンの主要ポイントを繰り返すことで記憶にとどめてもらいます。「イントロでも伝えた。本論で詳しく説明した。それなのにまた繰り返すの」と思うかもしれませんが，これもプレゼンの基本です。

　ここでは，主題・手法・結果・結論をあらためて要約し，さらにこの研究によって，どのような貢献ができたかという研究の意義を確認した後で，ひとこと感謝の言葉を述べて終えましょう。質疑応答の時間はあらかじめ設けていることが普通ですから，自分からわざわざ「このあと質問を受け付けます」という必要はありません。

❹ 準備は用意周到に

　前にも述べたように，プレゼンには厳しい時間制限がありますから，時間内にいいたいことを過不足なく伝えられるように，何度も練習をすることがプレゼンを成功させる鍵となります。

　では，どのように準備し，練習したら良いのでしょうか。

◆スクリプトを用意する

　最初にスクリプト（台本）を作らなくてはどうしても落ち着かないというのであれば，プレゼンの最初から最後までの原稿をきっちり書くというのも一つの方法です。

　でも，その原稿をただ読み上げるだけでは聴衆の心をつかむことは無理でしょう。原稿を棒読みする政治家のスピーチに感動する人はいませんし，何十分も同じ講義ノートから目をあげない先生の講義をワクワクしながら聴いている学生も，まずいませんよね。ですから，何度も何度も繰り返し，繰り返し練習して，最終的には主要ポイントごとにまとめた何枚かのカードさえ見れば，自然に話せるような状態にまで刷り込んでおくことが肝心です。

　そのカードをチラッチラッと見ながら，でもほとんどの時間は聴衆のほうを向き，アイコンタクトをとりながら話をしてください。聴衆の顔を見なが

ら自信をもって話をしている様子が伝われば好印象を与えられます。「アイコンタクトをとれない人の話は信用できない」と思われる確率は高いといわれています。

◆ピアレビューをやろう

また，パワーポイントなどのビジュアルエイドも使いつつ話を進めるのであれば，その練習も兼ね，制限時間を計りながらのリハーサルを数回かさねてください。そのうちの少なくとも1回は誰かに見てもらい，コメントをしてもらうと，自分のプレゼンの欠点がわかります。若い学生や院生なら，ゼミ仲間や友だち同士で練習をしてお互いにコメントしあうのも良いのではないでしょうか。

このように，仲間同士で長所や短所を指摘しあうことをピアレビュー（peer review）と呼びます。peerは「仲間」，reviewは「批評」という意味です。他人のプレゼンからも学べることは多いはずですし，自分のプレゼンの利点や欠点を確認する良い機会でもあります。「批評」はついつい遠慮しがちになりますが，良いところも，改善の必要なところもお互いに指摘しあうことで一緒にプレゼンの能力を伸ばしていくのだと捉えてみてはどうでしょうか。

    *   *   *

さあ，英語のプレゼンとはどういうものなのかがわかってきましたか。「習うより慣れろ」です。とにかく準備に取りかかりましょう。発表の場を与えられたということは，アナタの研究の価値が認められたということなのですから自信を持って良いのです。あとは「見せ方」（英語ではこの言葉もpresentationといいます）を一工夫して，より多くの人に研究成果を認めてもらいましょう。

How Much Exercise Do We Need Indeed?
—— A Comparison of the U. K., the U.S. and Japan Studies ——

① *❶Good afternoon, ladies and gentlemen. *❷I am Takuto Tanaka, and *❸it is my great pleasure to present this paper at this conference in London, which I consider my second home.

② Well, we all know that we need to do some exercise to stay fit, but experts' opinions are divided on just *❹how much exercise we need. The title of my presentation, *❺"How much exercise do we need indeed?" seems to be a question everyone is asking these days.

③ *❻Today, I would like to present you with my 12-week research results with 60 adults in Tokyo, along with some recent discussions on how much exercise we actually need to be healthy.

④ I would say it was somewhat expected, but *❼my research results did not provide a clear answer to just how hard we should push ourselves. It indicated, rather, that there is no 'one-size-fits-all' exercise regime. *❽Since most of the previous studies were conducted in Europe and North America, I hope my research findings will provide a new perspective on this issue.

⑤ *❾I would like to start my presentation by introducing some recent studies very briefly. Next, I would like to explain the experiment I conducted with 60 subjects and what kind of results it produced. Finally, I would like to discuss what the results could indicate.

⑥ *❿So, first of all, let me present you with some recent studies tackling the question. As I said earlier, although everyone agrees that we need to get some exercise, people cannot seem to agree on just how much. Some researchers even came up with contradicting conclusions.

⑦ In August 2007, two contradicting statements were issued. One was from a research team at Queen's University, Belfast, UK, and the other was from American College of Sports Medicine members. *⓫You can see a table summarizing their

いったい運動量はどれだけ必要か
―― イギリス，アメリカ，日本での研究の比較 ――

① みなさま，こんにちは。私は田中拓人です。私にとって第2の故郷ともいえるここロンドンでの会議で論文を発表できますことは，このうえない喜びです。

② さて，健康であるためには誰でも運動すべきだということは，我々みんなが知っていることです。しかし，では，どれだけの運動量が必要なのかということに関しては専門家の見解は分かれています。私のプレゼンテーションのタイトルでもあります「いったい運動量はどれだけ必要か」という問題は，今日，誰もがその答えを知りたい疑問のようです。

③ 本日，私は，健康であるためにはどれだけの運動が必要かということに関する他の研究者による最近の議論をご報告しますとともに，東京で成人60名を対象に12週間にわたって行ないました研究の結果を発表いたします。

④ ある意味で予想されてはいたことですが，私の研究結果からは，実際にどれだけ運動をすれば良いのかというはっきりした答えはでませんでした。つまりは万人に共通する運動のプログラムなどはないということになります。これまでの研究のほとんどがヨーロッパおよび北米で行なわれてきたものですので，私の研究結果がこの問題に対して新たな見解を提示できるのではないかと期待しております。

⑤ まず初めに，他の研究者による最近の研究をいくつか簡単にご紹介します。次に，私自身が60名の被験者を対象に行なった実験を説明し，どのような結果がでたのかをお話します。そして，最後にこの研究結果から何が導きだせるのかについてお話したいと思います。

⑥ さて，では，まず最近発表されたいくつかの研究についてお話させていただきます。先ほども申しましたように，運動の必要性に関してはみんな意見が一致していますが，どれだけの運動が必要かということに関しては意見が分かれているようです。

⑦ 2007年8月には2つの相反する主張が提示されました。1つは英国ベルファストのクイーンズ大学の研究チームから，もう1つは米国スポーツ医学大学からだされたものです。いま，スクリーン上でこの両研究チームの研究内容をまとめたもの

studies now on the screen.

⑧　In short, the Belfast study found that walking for half an hour on just three days a week gave similar fitness and blood pressure benefits to walking for 30 minutes five times a week. Those researchers hope that their study would encourage more people to do exercise rather than just to give up the idea of getting any exercise at all. In fact, according to their study, many people have given up exercise altogether just because they do not think they have enough time to meet the minimum recommendation adopted by the World Health Organization and by the UK government. Dr. Mark Tully, the lead researcher of the Belfast study, says that, although exercising five days a week is more ideal, exercising three days is a more achievable target.

⑨　The American sports scientists, however, did not welcome the advice provided by the Belfast researchers. They think that it could encourage people to do as little exercise as possible. They say that some people misinterpret the official advice of 30 minutes of gentle exercise each day to include a mere stroll to their car. For real health benefits, the American researchers maintain that 30 minutes of moderate exercise, such as a brisk walk, five days a week *⑫ AND two weekly sessions of weight training activity are necessary. According to their advice, instead of 30 minutes of walking five days a week, you could do 20 minutes of vigorous exercise, such as jogging, three days a week.

⑩　*⑬ Now, let me move on to my own research. You can see the research methods summarized on the screen. *⑭ What I did was to basically replicate the Belfast study, although mine is with a smaller sample of just 60 people. The 60 participants were healthy but sedentary university employees between 40 and 61, living in Tokyo. Twenty-six of them are female and 34 of them are male.

⑪　*⑭ Those 60 subjects were divided into three groups. Group A — 7 females and 13 males — did 30 minutes of brisk walking five days a week. Group B — 10 females and 10 males — did it three days a week. Group C — 9 females and 11 males — did not change their lifestyles at all.

⑫　*⑭ Their blood pressure, weight, waist circumferences, and other indicators of fitness were all measured before and after the 12-week program, and *⑮ you can see the results in Table 3 and Table 4. Table 3 shows the average for each group before

をご覧いただけます。

⑧　一言で申しますと，ベルファストの研究は，1週間に3日，30分歩くだけで，1週間に5日，30分歩くのと同等の健康上，および血圧の数値の向上が望める――というものでした。ベルファストの研究者たちは，この研究結果から，より多くの人が運動をしようという気になるのではないかと期待しています。実際，このイギリスの研究では，多くの人が運動をまるっきりあきらめてしまった理由として，世界保健機構や英国政府によって最低限必要であると推奨されているだけの運動をするのに十分な時間がないことをあげています。研究チームリーダーのマーク・タリー博士が，週5日の運動が可能であるならば，その方がより望ましいことには違いないが，週3日運動をするという方がより達成しやすい目標であることは確かだ――といっています。

⑨　しかしながら，アメリカのスポーツ科学者たちはこのアドバイスを受け入れがたいものだとしています。人びとがほとんど運動をしなくて良いと思ってしまう危険があるのではないか――というのです。公にいわれている1日30分の軽い運動というのには，自分の車までフラッと歩くのも含まれると誤解している人もいる――としています。ほんとうに健康のためを考えるのであれば，ウォーキングなどの軽い運動を週5日するのに加えて週2回のウェイトトレーニングのセッションも必要である――と，このアメリカのスポーツ科学者たちは主張しています。彼らのアドバイスによれば，週に5日30分のウォーキングをする代わりに，週に3日，ジョギングなどのよりきつい運動を20分取り入れることも可能だ――とのことです。

⑩　では，ここで私自身の研究について話を移らせていただきます。スクリーン上に研究方法をまとめたものが映っています。基本的にはベルファストでの研究方法を踏襲しましたが，私の研究対象グループはより小さく，被験者サンプルは60名になります。この60名の被験者は，健康ではありますが，あまり運動をしない東京に住んでいる大学関係者で，年齢は40歳から61歳です。60名中26名が女性で，34名が男性です。

⑪　この60名は3つのグループに分けられました。グループAは女性7名と男性13名で，週5日，それぞれ30分ずつ，早足でのウォーキングエクササイズをしてもらいました。グループBは女性10名と男性10名で，同様のウォーキングを週3日してもらいました。グループCは女性9名と男性11名で，この人たちにはそれまでどおりの生活をしてもらいました。

the program, and Table 4 shows the average after the program. You can see the differences, or improvements, in Group A and Group B. However, you cannot see any change in Group C.

⑬ Let me also show you changes in individual subjects. *⓰ These three pairs of charts represent the measurements for three subjects, one from each group. From the charts, you can see how they changed, or did not change, over the 12 weeks in the line graphs.

⑭ *⓱ Overall, all the Group A and Group B members showed some or significant improvements, whereas Group C members did not show any improvement. However, just how much of improvements the A and B participants showed varied from one particular individual to another.

⑮ *⓲ So how can these results be interpreted? First of all, it seems safe to say that the Belfast results were confirmed in two aspects. One — even exercising three days a week, not five days, does have actual health benefits. Two — exercising five days was still a lot better than exercising only three days a week. This was particularly true with its positive effects on blood pressure.

⑯ *⓳ Second, there were larger individual differences among the members within each group than I had expected. I suspect that, just as the American experts fear, some people think walking with their toddlers around the block can be considered 'brisk walking', for example.

⑰ *⓴ In follow-up interviews with several volunteers, I also found that some people in Group A could not always find the 30 minutes for exercise. Those people would then cut their exercise time short. In addition, the participants' eating and drinking habits seemed to vary based on their gender and age. Such factors would also affect the subjects' overall fitness. *⓵ So, although my study generally confirms what the Belfast research team found, many other factors also seemed to have affected the outcomes. To tell you the truth, I am basically a lazy person, so I would like to support the Belfast team, but *⓶ I do not think I can wholly embrace their advice.

⑱ *㉑ It would not be wise to change the exercise recommendation from just a couple of studies. *㉒ We should also take into consideration other lifestyle factors such as people's diets and how they commute. We need to see more studies that are

⑫　被験者の血圧・体重・ウエストまわり，その他の健康状態の指標が12週間のプログラムの前と後ですべて計測されました。その結果が表3と表4にまとめられていますのでご覧ください。表3はそれぞれのグループの，プログラム前の平均値を，表4はプログラム後の平均値を表わしています。プログラムの前と後では，平均値の差あるいは改善がグループAとグループBには見られますが，グループCには見られません。

⑬　特定の被験者の変化も見ていただきましょう。ここにある3組の表は3人の被験者の測定値を表わしたもので，グループごとに1人ずつ取りだしています。12週間でどう変化したか，あるいは変化しなかったかということが折れ線グラフでご確認いただけます。

⑭　全体的に見て，グループAとグループBではある程度の改善，あるいは著しい改善が見られた一方で，グループCの被験者には，まるで改善が見られませんでした。しかし，グループAとグループBのメンバーがどれだけ改善されたかという詳しい数値に関しては個人差が見られました。

⑮　では，このような結果をどう解釈すれば良いのでしょうか。まず第1に，ベルファストでの研究結果が2つの面で確認されたといって良いでしょう。1つ目には，週5日でなく週3日の運動でも健康にプラスであるということ。2つ目には，とくに血圧の面で，やはり週3日より週5日の運動の方がよりよい効果をもたらしたということです。

⑯　2点目ですが，予想以上に同一グループ内の被験者の間での個人差が大きかったということです。アメリカ人専門家たちが指摘していたように，小さい子どもを連れて家のまわりを歩くこともウォーキングエクササイズと考えている人などもいるのかもしれないと考えられます。

⑰　数名の方と追跡面談調査をした結果，グループAの被験者の中には週5日，かならずしも運動のために30分ずつの時間が割けず，したがって，運動時間が短くなった人がいたということが判明しました。加えて，このプログラムの参加者の食習慣や飲酒習慣が性別や年齢によって異なり，これもまた全体的な健康に対する影響を与えているようでした。ですから，私の研究はベルファストの研究チームの成果を全般的には裏づける結果にはなっていますが，ほかにもさまざまな要因が考えられるといえます。私自身は元来，怠け者なものですからベルファストチームを支持したい気持ちがありますが，彼らのアドバイスを100パーセント歓迎することもできないと思います。

more comprehensive before we can relax and be content with the three-days-a-week regime.

⑲　＊㉓ Thank you very much for your attention.

＊❶～＊❾＝イントロ
＊❶―会場の人への挨拶／＊❷―自分の名前／＊❸―「このような機会があってうれしい」（かならずしも必要ない）／＊❹―問題提起／＊❺―プレゼンのタイトルを紹介／＊❻―プレゼンの内容を紹介／＊❼―研究結果／＊❽―自分の研究はどんな貢献をしたのか／＊❾―プレゼンのメインの部分の構成を説明

＊❿～＊⓱＝研究内容と結果
＊❿―先行研究を紹介／＊⓫―スクリーンを見てもらいたいとき／＊⓬―強調して読み

⑱　ほんの2件の研究結果から推奨すべき運動量を変更してしまうのは賢いとはいえないでしょう。また，人びとの食生活や運動の仕方などほかにも考慮すべきライフスタイルの要因はあります。週3日の運動で良しとする前に，より包括的な研究をもっと数多く行なって確かめるべきでしょう。

⑲　以上です。ご清聴ありがとうございました。

たいところは大文字にして印象づける／*❸—自分の研究内容を紹介／*❹—研究・実験の方法（被験者の数，実験期間，計測対象など）／*❺—スクリーンへの注目を促す／*❻—説明している表を指し示す／*❼—結果のまとめ

❽〜㉓＝結論・まとめ
*❽—結果とその解釈／*⑲—結論／*⑳—他人の意見に反論する／*㉑—自分の意見／*㉒—今後の課題／*㉓—終わりの挨拶

第1章 提案を概観する

―――自信をもって大きな声でゆっくりと

「英語でプレゼンをする機会がやってきた。うれしいけど困った」という人もいるかもしれませんね。でも，聴衆はあなたの英語を聴きに来るわけではなく，あなたの考えが知りたくて来るのです。あなたの研究内容が良いものだからこそ与えられたチャンスです。自信をもって，大きな声でゆっくり自己紹介をするところから始められれば，きっと大丈夫。

❶――冒頭の挨拶　　　　　　　　　　　　　　　　　　　　CD2

主催者へ挨拶

身にあまる**すばらしいご紹介**をたまわり（鈴木様に）感謝申し上げます。

> I would like to thank (Mr. Suzuki) for **the very kind introduction**.
> ＊（　）は紹介してくれた人の名前。

> Thank you very much for **the very kind introduction**.
> ＊紹介者の名前がわからなかったとき。

本日は記念講演の任をたまわり，**まことにうれしく思いますが**，同時にかなり緊張しております。

> **It is my great pleasure** to be here to deliver this commemorative speech, but it also makes me feel very nervous.

本日，ここで講演できますことは私にとってこのうえない**名誉なこと**であります。

> **It is a great honor** for me to be able to deliver a speech in front of you today.

本日，ここで私どもの研究成果をみなさんにご報告できる機会を得られま

したことは，技術者として**最高の喜び**であります。

> To be able to report to you our research results today is **such a tremendous pleasure** for us as engineers.

聴衆への挨拶

みなさん，こんにちは。本日はここ東京にお集まりいただき，みなさんに**お目にかかってお話できること**をたいへん光栄に存じます。

> Good afternoon, ladies and gentlemen. I would like to thank you all for coming to Tokyo today, and I am truly honored **to be speaking to you**.

みなさん，おはようございます。**お忙しい中**お集まりいただき，ほんとうにありがとうございます。

> Good morning, ladies and gentlemen. I would like thank you all for joining us **despite your busy schedules**.

本日，ここにお集まりくださいました多くのみなさん，および，この会を準備してくださった**主催者の方々**に心からのお礼を申し上げます。

> I would like to express my sincere gratitude to everyone who is attending this conference as well as to the wonderful **organizers**.

本日の朝刊にこの研究会のことが**大々的に報じられておりました**が，記事をお読みになりましたか。

> This conference **made a headline** in today's newspapers. Did you read the article?

本日は私がお話するだけでなく，みなさまの**忌憚のないご提案やご意見**もいただき，私の研究にいっそうの発展を期したいと願っております。

> Today, I would like to ask you to be an active audience and provide your **unrestrained suggestions and opinions**, which will undoubtedly contribute to progressing my research.

本日は，日ごろ，私どもが従事しております**研究の一端を**具体的なエピソードも交えながらご紹介させていただきたく存じます。

> I would like to explain **a part of our research** to you as I also provide some concrete episodes.

33

●第1章＝提案を概観する

> ＊ concrete ──→ 具体的な

形式的なご挨拶は省略して，**さっそく発表にはいりたいと思います**。

> Please allow me to skip formal greetings and start with my presentation **without further ado**.

自己紹介

ご紹介いただきましたエース企画・開発研究部に所属しております貝原直行と申します。塗装技術の開発**を専門にして**おります。

> Thank you very much for the introduction. I am Naoyuki Kaibara. I work for the R&D Department of Ace Planning, and I **specialize in** the development of coating technology.

この研究チームの**チーフ**をしております関口照治と申します。横におりますのがアシスタントの小堀耕平です。

> My name is Shoji Sekiguchi, and I am the **chief** of the research team. Next to me is my assistant, Kohei Kobori.

いま，司会の方から**過分なご紹介**をいただきましたアップル研究所の鈴木隆雄と申します。みなさまのご期待に沿えるよう努めさせていただきたく存じます。

> I am Takao Suzuki from Apple Research Institute. I would like to thank today's master of ceremony for the **very kind introduction**. I will do my best so as not to fail your expectations.

こんにちは。ご紹介いただきました矢野勝敏です。山崎研究センターに勤務していて，マーケティング調査を**担当して**おります。

> Good afternoon. I am Katsutoshi Yano. I work for Yamazaki Research Center and am **in charge of** marketing research.

> ＊「ご紹介いただきました」の英訳を省いているが，それも可能。

❷──提案を始める

事前の確認

会場の後ろの方，**私の声が聞こえるでしょうか**。どなたか手をあげていた

だけませんか。
> Those of you sitting at the back ─ **can you hear me**? Could someone raise a hand if you can?
> ＊口語的だが，原文の日本語に忠実な表現。

> I am a little worried **if those of you** sitting at the back **can hear me**. Could someone raise a hand if you can hear me all right?
> ＊日本語の裏の表現。つまり「ほんとうに言いたいこと」(後ろの方のみなさんに私の声が聞こえるかどうか心配です) を表にだした表現。

ハンドアウトは行き渡っていますでしょうか。お持ちでない方は**お手をおあげ**ください。
> Does everyone have the handout? If you do not have a copy, **please do raise your hand**.

資料を5点お配りしてあります。**お手元に揃っている**かどうかお確かめください。
> Five different documents have been distributed to you. Please make sure **you have them with you**.

聴衆の想定

本日は現場の専門的な技術者を**念頭に**お話したいと考えております。
> When I speak today, I would like to have specialized engineers in their professional field **in my mind**.

この研究発表はまったくの**初心者を対象**にしたものです。
> This presentation **is aimed at beginners** with no prior knowledge.

発表の強調点

本日は，この技術の理論的な解説よりも実用的な価値**に焦点をあわせて**お話します。
> Today, I would like **to focus on** the practical value of this technology rather than its theoretical background.

いままで，この分野における研究の一般的な経過についてお話してきましたが，ここで**私自身の研究**について移らせていただきます。

●第 1 章＝提案を概観する

> I have been explaining the progress of this research field in general. Now, I would like to turn to **my own research**.

本題にはいる前に，この研究の**歴史的な背景**について簡単にまとめておきましょう。

> Before moving on to the main point, I would like to give you a brief **historical background** of this research project.

私どもの研究室において 2000 年以来，実験と考察を重ねてまいりました仕事の経過と，**最新の結果**についてお話したいと思います。

> Please let me explain what we have been doing since 2000 in our research lab: how the work has progressed through repeated experiments and analyses as well as **the latest results** we have obtained.
>
> ＊lab は laboratory の略。口語ではこの短い形の方をよく使う。

ここにお集まりのみなさんに興味と関心をおもちいただけるよう，**この技術の将来性**を含めて考えてみたいと思います。

> I would also like to explain **what this technology may promise**, which I hope will interest you.
>
> ＊直訳「**この技術の将来性**についても説明したいと思います。そうすれば，みなさんにも関心をもってもらえると思いまして」

これから私が取り組んできた**技術開発**についてご報告してみたいと思います。

> I would now like to report to you the **technological development** I have been working on.

私がこれまでに実施してきました実験の経過と，その結果をお話の**主要なテーマ**にしたいと考えております。

> There are two **main points** to my speech today. One is the process of the experiments I have been conducting, and the other their results.

まず，発表の**タイトルを修正**させていただきたいと思います。タイトルは「IT 技術の未来」となりますのでよろしくお願いします。

Please allow me to **change the title** of my presentation. It should be "The Future of IT" — thank you.

＊「よろしくお願いします」は場面に応じていろいろな英語になる。ここでは「変更したいので○○してください」「（そうしてくれて）ありがとう」。

発表の姿勢

本日は口頭でお話するだけでなく，ビデオ，パワーポイント，サンプルなどを使いながら，**よりわかりやすく**説明できるよう努力したいと思います。

> Today, I would like to use the video, PowerPoint, and samples to help explain what I would like to talk about. Hopefully they will make my presentation **more accessible**.
>
> ＊「わかりやすい」を easy to understand とすると，聴衆がばかにされたと思う危険性がある。

それでは，私の研究の核心部分を**時間の許す限り丁寧に**お話したいと思います。

> Now, I would like to explain the most significant part of my research **in as many details as time allows**.
>
> ＊ significant（意味深い／意義深い／重要）はプレゼンや，それに続く Q&A でよく使われる。
>
> 例：What is significant about the new set of data?
> ──この新しい方のデータのいったい何が大事なのでしょうか。

時間的な制約がありますので，肝心な点に絞って報告いたします。

> **Due to the time restriction**, I would like to focus on a few major issues in my presentation.

研究の動機

はじめに，私がなぜこの課題**に強い関心を抱く**ようになったか，その動機を少し詳しくお話してみたいと思います。

> First, I would like to talk about what got me **so interested in** this research subject in some details.
>
> ＊ why I was interested in… でも良いが，このように「何が私をこの課題に関心

●第 1 章＝提案を概観する

を引きつけたのか」という表現もよくある。

この 5 年間，私たちのチームが取り組んできました研究を始めた動機について簡潔にお話し申し上げます。

> I would like to briefly explain the motive for the research that we have worked on for **over the last five years**.

私の研究の出発点は山田徹博士の理論に**触発された**ことにあります。

> My research started when **I was inspired by** Dr. Toru Yamada's theory.

❸ ― 研究の主題や目的を明示する　　　CD3

理論研究

この基本概念はリー博士によってすでに仮説が提出されておりますが，私はそれをさらに**理論的に定義**してみようと試みました。

> Dr. Leigh has proposed a theory about this fundamental concept, so what I did was to give it a further **logical definition**.

＊「…が」はかならずしも but で訳するものでもないという一例。ここでは，リー博士のしたことがすでにあり，さらに加えてその研究を進めてみたということなので but よりも and や so のほうが自然。

素粒子の存在は**長い間**，理論物理の分野では主要なテーマの 1 つ**でした**。

> The existence of the elementary particle **has long been** one of the major themes in theoretical physics.

私たちは発光現象に**着目する**ことで難関を突破してきました。

> We have **paid special attention to** light-emitting phenomena, which helped us overcome the difficulties.

実験研究

私は浅井輝和さんの仮説に深い感銘を受け，それを実験的に厳密に**検証**してみたいと，この研究に着手しました。

> I started working on this research when I learned of the theory proposed by Terukazu Asai. I was deeply impressed with it and

38

> wanted to **examine** the theory in a strict manner through experiments.
>
> ＊複数の実験なら experiments，一度なら an experiment。

調査研究

この調査において，我々は国民の貯蓄観と投資観を**詳しく検討**しました。

> In this survey, we **looked closely at** what people think of saving money and investing money.

これらの**基本概念**と，それに関する調査結果について報告します。

> I would like to talk about these **basic concepts** and related research results.

この研究の目的は，水質や空気の汚染が人体におよぼす影響を**調査する**ことです。

> The goal of this research is to **estimate** how water and air pollution may affect human bodies.
>
> ＊目的── goal, aim, purpose など

技術開発

この技術の有効性はすでに認められておりますが，**私どものプロジェクトはそれを活用して省力化することが課題**でした。

> The effectiveness of this technology has been recognized. **What our project did was to try to** utilize the technology in order to save labor.
>
> ＊日本文が１文だからといって，その訳まで１文にする必要はない。話しやすい形で。

これからお話する提案は省力化をめざす新技術の開発**に貢献する**ことです。

> I am now going to make a proposal, which would **contribute to** developing new technology that is aimed at saving labor.

私たちは電化製品の生産工程を短縮してコスト・ダウンをはかるというテーマ**に取り組んできました**。

> We have been **working** on cost reduction by cutting down some of the production processes of electrical appliances.

●第1章＝提案を概観する

この制御装置はどのように**開発され**，生産過程をどのように**改善した**のでしょうか。それを明らかにします。
> How was the control device **developed**, and how did it **improve** the production process? That is what I would like to clarify.

これからご報告することは**近未来における**技術革新の方向についてです。
> This report suggests what is going to happen to technological innovation **in the near future**.

考察と検証

まず，明治時代の経済について物価の動向に**着目して**整理してみましょう。
> Let me discuss the economy in the Meiji Era by **looking at** the fluctuations of prices during that time.

本日は私が長年，研究テーマにしておりました「仕事の生産性を高める思考の経済」**というタイトルでお話したい**と思います。
> **The title of my presentation today is**, "An Economy with a Mind to Raise Productivity". This has been my research topic for many years.

本日は，情報化社会における人間の心理と思考についての問題点を**さらに追究して**みたいと存じます。
> Today, I would like to **discuss, in further details**, some of the issues concerning human psychology and how our mind works in the information society.

この研究の目的は今回の税制改革が国民の暮らしにどのような効果をもたらしたかを**考察する**ことです。
> The goal of this research is to **examine** what kind of effect this tax system reform has brought to people's lives.

IT産業は文化にどのような変化をもたらし，今後，どのような**影響を与える**でしょうか。
> How has the IT industry changed our culture? And how will it **influence** our culture in the future?

汚染物質の大量排出は生態系の変化をどのように**引き起こす**でしょうか。
> How will the mass emission of polluted matters **affect** the ecosystem?
> ＊直訳「汚染物質の大量排出は生態系にどのように**影響する**でしょうか」

私たちの研究は人工知能技術の**効能について分析**しています。
> Our research **analyzes the benefits** of artificial intelligence.

私が **10 年ほど前から**「製造の過程を効率化できるか」ということに強い関心を持ち続けておりました。
> Can we make the production process more effective? That is the question that I have been really interested in **for the last decade or so**.
> ＊10 年 → ten years あるいは a decade

我々はその新薬が人体にどのように作用するかを**詳しく研究しました**ので、その結果をご報告したいと考えます。
> We have been **conducting extensive research** on how the new medicine will affect human bodies, and here are the results.
> ＊薬 → medicine, drug

❹ー研究の性格を概観する

導入

まず本研究の**概略**を述べておきたいと思います。
> Let me first give you the **overview** of the research.

これから行なう報告の**概略を説明する**ことから始めたいと思います。
> I would like to start my presentation **by explaining the overview** of the report.

まず、私たちがこれから論じあういくつかの**キーポイントを整理して**おきたいと思います。
> Let me **give you a brief outline of the key points** we will be discussing.

これからご報告することは私の個人研究というよりも**チームによる成果**です。
> This report is **the fruit our team work bore**, rather than a result of

● 第 1 章＝提案を概観する

my independent research.

＊成果が実る／実を結ぶ──▶ bear fruit。イメージは日英とも似ている。

幸い，私は有能なスタッフと優れた実験装置に恵まれ，**予想以上の成果を得る**ことができました。

Fortunately, I had a very capable team and state-of-the-art lab equipment, that brought me **more than what was expected**.

＊ state-of-the-art X ──▶最先端の X。ほかに cutting edge, sophisticated なども同意で使える。

発表の内容を限定する

今後の為替の動向についてはこれから発表することの**範囲外**です。

What may happen to the foreign exchange rates is **beyond the scope** of this presentation.

＊ may は「今後の為替の動向にどんなことが起こるか予測はつきかねるが，とりあえずそれが何であれ」というニュアンス。

これからお話することは研究の対象ではなく，**研究の方法**についてです。

What I am going to talk about now is not the object of research but the **research method**.

しかし，ここではテーマを温度と圧力の関係に**限定して報告**したいと思います。

However, I would like to **limit the scope of my presentation** today and talk about the relationship between temperature and pressure.

＊ the scope of my presentation ──▶私のプレゼンテーションがカバーする範囲

テーマの概略①＝社会・経済系

これから私が報告するのは，なぜこのような生活習慣が形成されたかという**社会学的な考察**です。

My report addresses the **sociological question** of why such lifestyle habits have been established.

＊直訳「私の報告は，なぜこのような生活習慣が形成されたかという**社会学的な疑問**を扱います」

イントロダクション・文例編◆

私に課せられたテーマは，IT革命が日本の産業構造に与える**影響を分析する**ことです。

> I have been assigned to **analyze** how IT revolution might **influence** Japan's industrial structures.

私どもは少子化の問題の背景を成熟した社会**という観点から**明らかにすることを研究の中心にすえてきました。

> We have been focusing on the issues behind the declining birthrate **from the perspective** of a matured society.

本日の発表内容は江戸時代の食糧事情を**数値的**に検討してみることです。

> In today's presentation, I would like to present **numerical** data that illustrate the food situation in the Edo Era.
>
> ＊illustrate（描きだす）は「絵を描く」ことだけでなく，「ある状況をわかりやすく説明する」という使い方もよくする。

これから発表することは健康食品に対する国民の意識の変化を**アンケート**によって調査した結果です。

> My presentation is based on the results obtained from **questionnaire survey** that shows people's changing attitudes to health food.
>
> ＊「国民」が話し手にも聴衆にも明らかにどこの国の国民であるかがわかっているなら people で良いが，国際的な学会であれば，Japanese people, Chinese people, American people などとはっきりさせたほうが良い。

テーマの概略②＝理工・技術系

これはスティブン・スミスとジェニファー・スタインの建築様式に関する**比較研究**です。

> This is a **comparative study** on different architectural styles of Stephen Smith and Jennifer Stein.

この研究は太陽エネルギーと原子力エネルギーの効用を**比較・検討する**ものです。

> This study **compares and discusses** the pros and cons of solar energy and nuclear energy.

●第1章＝提案を概観する

> * pros and cons ──→プラス面とマイナス面。もし「長所」だけを比べるのなら，advantages や benefits が使える。

これは動力についての理論的な研究ではなく，効果的なシステムをつくるための**技術的な研究**です。

> This is a **technical study** for establishing a more effective system and not a theoretical study on power.

この発表では産業廃棄物による水質汚染が人体に与える影響の医学的な**調査研究**を取り上げます。

> This presentation introduces a medical **study** on how polluted water brought by industrial waste may affect human bodies.

❺──研究の結論を予告する　　　　　　　　　　　　CD4

導入

これからお話する主要な点を先に**簡潔にまとめ**ておきます。

> Let me **briefly summarize** the main points of my speech.

先に結論を申し上げてから，それに至る論理とデータをお話ししたいと思います。

> I would like to **provide you with the conclusion first**, followed by the theoretical background and the data.

我々は次のように**問題の全容**を把握できるかと思います。

> The **whole picture of the problem** will be summarized as follows.

では，ここでこれから報告する技術研究の**主要な点**をまとめておきます。

> Now, let me give you the **main points** of the technical research that I am going to talk about.

したがって，これから報告する技術開発の特徴をまとめると，**次のような結論になります**。

> Therefore, to summarize the characteristics of the technological development that I will talk about today, we can **reach a conclusion as follows**.

結論を先に要約する

結論を先に**手短にいえば**，商品の流通があまりにも悪い結果だといえます。

> Let me give you the conclusion first **in a few words**. The serious flaw in the distribution of goods is at the root of the problem.
>
> ＊後文の直訳「商品の流通における深刻な欠点が問題の根幹にあります」

結論を要約すると，日本はアジア諸国への最大投資国として通貨の安定を心がけなければならないということです。

> **To summarize my conclusion**, Japan needs to strive to stabilize its currency because it has the responsibility as the largest investor in other Asian nations.
>
> ＊直訳「**結論を要約すると**，日本はアジア諸国への最大投資国としての責任があるのだから（その責任を負って）通貨の安定を心がけなければなりません」

つまり，憲法問題と教育基本法の改正は**密接に関連している**ということになります。

> In other words, the constitutional issues and the revision of the Fundamental Law of Education **are closely related**.

我々の算定結果は家計における教育費の割合が 20 パーセントを超えていることを示しています。

> **Our calculation** shows that educational expenses exceed 20 per cent of household budgets.

私たちの電話による**世論調査**の結果は，現政府の支持率は 50 パーセント未満であることを示しています。

> According to our telephone **poll**, the approval rate for the current administration stands below 50 per cent.
>
> ＊… is below 50 per cent と be 動詞を使うのももちろん可。

これから「長寿の秘訣は質素な食生活にある」ことを**お話したい**と思います。

> **Now, let me turn to the topic**, which is "The key to longevity lies in a

● 第 1 章＝提案を概観する

| plain diet".

結論は**きわめて簡単**，生産効率よりも自然を大事にしようよということにつきます。

| The conclusion is **quite simple**. First and foremost, we have to give priority to nature over production efficiency.

| ＊ first and foremost ──→第一に／まず何よりも

我々の実験分析は，**5年後までに**大半の家庭が光ケーブルに接続するということを示しています。

| This analysis we have obtained from the experiments indicates that a majority of households will have optical cable connections **within the next five years**.

機械の作動による磨擦が機器の維持に大きく影響することが私の**実験によりわかりました**。

| My **experiment shows** that the friction caused by machine operation greatly affects the maintenance of equipment.

放出された排気ガスの**分析では**，異常な物質はまったく発見されませんでした。

| **When** we **analyzed** the emission, we did not find any unusual substance.

| ＊自分たちで分析をしたのなら we，自分一人の研究なら I，他人の分析結果を引用しているなら he, she, they など。日本文は主語を欠くことが多いので注意。

いままでの研究結果では，車軸を安定させることが最大の課題といえます。

| The research results so far show that the major challenge lies in how to stabilize the axle.

❻─先行の研究を概括する　　　　　　　　　　　CD5
先行研究の状況を話す
この問題についてはほんの**わずかな試み**しかなされてきませんでした。

46

> There has been **little effort** to try and solve this problem.

この問題は依然として**論争中です**。
> This problem **is still being debated**.

学会誌に掲載された**最近の論文**で，この課題に関して従来とは反対の解釈が提示されています。
> One of the **recent papers** published in an academic journal presented a totally opposite interpretation to a traditionally held view about this theme.

このテーマは長い間，研究の対象でしたが，いまなお**意見はまったく一致をみていません**。
> There has been a series of studies about this topic over a long period of time, but **opinions are still divided**.

子どもの学習意欲を高める方法を確立することは，長い間，理論的にも実践的にも教育研究の**主要なテーマ**でした。
> For a long time, establishing the methodology to improve children's willingness to study has been one of the **major themes** in educational studies, both in theory and in practice.

経済の動向を左右する消費者の心理傾向を**明らかにする**ために，これまでにもさまざまな努力がなされてきました。
> There has been a lot of effort put into **understand**ing the psychology of consumers that affects economic trends.

過去数年にわたり，ダイオキシンによる土壌汚染について**貴重な研究**が積み重ねられてきました。
> For the last several years, there has been a series of **valuable studies** on dioxin-induced soil pollution.

この分野でもっとも説得力のある研究は，内部摩擦と磨耗度との**相関関係**に焦点をあわせてきました。
> The most persuasive research in this field has focused on the **correlation** between internal friction and degrees of friction.

●第 1 章＝提案を概観する

いままで科学者たちはこの現象を進化論で説明しようと**試みてきました**。
> So far, scientists **have tried** to explain this particular phenomenon by referring to the theory of evolution.

先行研究の皆無を指摘する

夢のメカニズムについてはほとんど**関心**が寄せられてきませんでした。
> There has not been much **interest** in the mechanism of dreams.

この仮説の立証を試みた**研究や実験**はいままでにまったくといって良いほどにありませんでした。
> So far, there have been very few **studies or experiments** which tried to confirm the hypothesis.

この新素材の腐食については，これまで**事例研究**がまったくなされてきませんでした。
> There has been no **case study** conducted so far on the erosion of this new material.

先行研究を評価する

ほかの研究では，丹下健三の理論が建築の新しいスタイルの発展におおいに**貢献している**と結論づけています。
> The other studies have concluded that Kenzo Tange's theories have **contributed** a lot to developing a new style of architecture.

ジョーンズの説が音響工学にも適用できるというのは，**最近の研究の主要な成果**といえます。
> **What is significant about recent research results** is that they say that the Jones theory can be applied to acoustic engineering.

大気汚染と二酸化炭素との**因果関係**については，最近の研究が明らかにしています。
> Recent research has revealed the **causal links** between air pollution and CO_2.
>
> ＊「因果関係」はほかにも causal relationship／causal correlation／cause-and-effect relationship など。

この理論と技術は電気系統**以外の分野にも応用できる**ということが提案されています。

> It is suggested that this theory and the technology **can be applied to different fields other than** that of electrical systems.

各種の調査では，自動制御装置がかならずしも作動していないケースが認められています。

> **Various studies** have presented those cases where the automatic control system fails to be activated.
>
> ＊直訳「**各種の研究では**自動制御装置（システム）が作動し損ねるというケースがでてきています」

柳本博士の長期にわたる実験の結果，この問題の電流と電圧の密接な関係についてはすでに**解明されて**おります。

> The longitudinal experiment conducted by Dr. Yanagimoto has **revealed** the close connection between the electric current and the power voltage concerning this problem.

先行研究を批判する

エコノミストといわれる人たちは，マクロ経済としての国家予算については論じられても，ミクロ経済である家計については**不案内だった**といえます。

> Those so-called economists may be able to extensively discuss national budgets, which are basically about the macro economy. However, they were **not quite so knowledgeable** when it came to household budgets, which are more about the micro economy.

これまでのところ知的財産権についての法的な保護はまだまだ**不備だらけ**といえます。

> Legal protection of intellectual property rights has **not** been **sufficient at all** so far.

ほとんどの研究は，アレンの理論が電子工学に与えた影響について**焦点をあわせていません**。

●第 1 章＝提案を概観する

> Most studies have **neglected** the influence of Allen's theory on electronic engineering.
> ＊直訳「ほとんどの研究は電子工学におけるアレンの理論の影響を neglect（＝**無視**あるいは**軽視**）してきています」

❼―発表の構成を予告する　　　　　　　　　　　　　CD6

発表の順序について

本日は**次の順**でお話したいと思います。

> Today, I would like to present my speech **in the following order**.

すでにお手元にお配りしてある**レジュメに沿って**お話していくつもりです。

> In my speech, I would like to follow the **outline** already given to you.
> ＊レジュメはもともとフランス語。アメリカ英語では履歴書という意味で使うことの方が多く，「概要（要約）」は summary あるいは outline が一般的。

私に与えられた時間が限られておりますので，私の研究の経過は**省略して**結果だけをお話させていただきます。

> Since the time I have is limited, I would like to **skip** the report on how my research progressed. Rather, I would like to present you with the results only.
> ＊直訳「私に与えられた時間が限られておりますので，私の研究経過は**省略させ**ていただきます。それよりも結果だけみなさんに提示したいと思います」

私の研究結果を**お話する前に**，いままでにどのような研究報告がされているかを先に検討しておきたいと思います。

> **Before I talk about** the research result I obtained, I would like to give you a review of some literature.
> ＊ review of literature あるいは literature review ──→先行文献のレビュー

話を前段と後段に分ける

本日は**最初に結論を申し上げ**，なぜその結論を得るに至ったかを**後で**お話したいと考えております。

> Today, I would like to **present to you the conclusion first. Then, later on**, I would like to explain to you how I arrived at the conclusion.

まず，賃金における男女の不均衡の実態をさまざまなデータに基づいてお話したうえで，**次に**その背景にある男女差別の問題を考察してみたいと思います。

> **First**, I would like to illustrate the reality of gender inequality in terms of their wages by looking at different sets of data. **This will be followed by** a closer look at a deeper problem, <u>namely</u> gender-based discrimination.
>
> ＊ A, namery B = A すなわち B（A を B で詳しく説明する）

このトラブルの原因をさまざまな角度から徹底的に検討した後，どのような対策を講じたかを**順次**，お話していくつもりです。

> I would like to talk to you about what measures I took **in order of precedence** after thoroughly examining the cause of this problem from different angles.

まずはこの問題に関する業界での研究状況を概括し，**それから**私どもの研究結果を**詳しく**ご報告したいと思います。

> I would **first** like to **provide an overview** of <u>what has been going on</u> in the research field relevant to this question, **and then** I would like to talk **in more detail** about the results of our research.
>
> ＊英語はよく「説明的言語」といわれる。「研究状況」もここでは what has been going on（これまでどんなことが起こってきているか）と表現してあり，「世界情勢」などというむずかしい表現も what is going on in the world（いま世界で何が起こっているか）という表現が普通。

■ **話の順序を細かに明示する**─────

はじめに私が得た結論から申し上げ，その後，その理由を**5つのステップに分けて**できるだけ丁寧にご報告したいと考えております。

> I would like to jump on to my conclusion first, and then I would like to give you a detailed account of <u>how I got there</u> **in five steps**.

●第1章＝提案を概観する

　＊その理由──→いかにしてそこ（結論）に至ったか

本日は，**最初に**この研究を始めた動機を簡潔にご紹介し，**次に**研究方法と実験経過についてご報告し，**最後に**私が得た結論をお話したいと思います。

> Today, I would like to briefly explain why I started to work on this research **first**. **After that**, I will explain my research method and how the experiment went. **Finally**, I would like to share with you the conclusion I reached through all that.
> ＊「長い話は短いセンテンスで」というのが基本。
> ＊「みなさんにお話したい」という意味で share を使うのは自分の視点を共有してもらおうというときに有効。

本日のテーマに対して，**1番目に**その歴史性を，**2番目に**その政治的な背景を，**3番目に**それが与えた影響を，そして，**最後に**今後の見通しを考えてみたいと思います。

> I would like to divide my speech into four parts. **Firstly**, I would like to explain the historical significance, **secondly** its political background, **thirdly** its impact, and **finally** where it may go.
> ＊最初に「4つの部分に分けて話をする」といってしまったほうが，話者にも聴衆にも整理がしやすくなる。
> ＊「今後の見通し」は日本語そのものも曖昧なので where it may go（それが今後どんな方向に行く可能性があるのか）と英語も曖昧でかまわない。

セクション1で研究の目的を明確にし，**セクション2**で基本モデルを設定し，**セクション3**で提案をしてみたいと思います。

> **Section 1** will clarify the goal of this research, **Section 2** will form the basic model, and **Section 3** will provide a suggestion.
>
> I would like to clarify the goal of the research in **Section 1**, provide the basic model in **Section 2**, and make a suggestion in **Section 3**.
> ＊「私が～する」というように I を主語にするのも可能。

資料にありますように，**次の順序で**話を進めるつもりです。パート1では

基本的な情報を紹介します。パート2では基礎モデルの一般化の方法を示します。パート3では研究結果の意味について考察します。そして，最後のパート4で結論を述べたいと思います。

> As you can see in the document, I would like to proceed with my speech **as follows**. Part 1 will introduce some basic information. Part 2 will show you how you could generalize basic models. Part 3 examines the significance of the research results. Finally, in Part 4, I would like to share with you my conclusion.

質問と意見交換について

発表を終えた後に質疑応答の場がありますので，ご質問がおありでしたら，そのときにまとめてお受けしたいと思います。

> There is a Q&A session **after my presentation**. If you have a question, please feel free to ask it during the session.

ご質問は話の最後までお待ちいただけると，**幸いです**。

> If you have a question, **I would really appreciate it** if you could wait until the end of my presentation.

＊appreciate X ─→ X ということ（もの）に対して感謝する

まず，基調報告をさせていただいた後に15分ほど休憩をとり，その後に**意見交換をしたい**と考えております。

> First, I would like to give you the plenary report, which will be followed by a 15-minute break. After that, we are going to **have a Q&A session**.

❽ — 本論にはいる

聴衆に確認する

本論にはいりますが，後方の方，**私の声が届いていますか**でしょうか。恐れ入りますが，聞こえましたら，お手をおあげください。

> Before moving on to the main discussion of my speech, I would like to make sure that the audience at the back **can hear me** all right. Would you please raise your hand if you can hear me?

●第 1 章＝提案を概観する

＊直訳「本論にはいる前に，後ろの方にいる聴衆のみなさんに私の声が**聞こえているか**確認したいのですが～」

始める前に，何かご質問はありますか。

Before I get started, would anyone like to ask a question?

始める前に，この**図表**が何を意味するか，お気づきの方はいらっしゃいますか。

Before I start my presentation, I would like to ask you a question. Does anyone know what this **chart** shows?

＊「プレゼンを始める前にみなさんに1つ質問があります」と，まず聴衆に質問の意図を明らかにしておくとスムーズ。

本論に導く

では，いよいよ**本論**にはいりたいと思います。

Now let me turn to the **main point** of my speech.

パワーポイントを使いながらご説明したいと思いますので，スクリーンに**ご注目**ください。

Please look at the screen now because I would like to explain this by using PowerPoint.

では，始めます。お配りしてある資料を**ご覧になりながら**お聞きいただければと思います。

Let me start now. Could you please listen to me **as you look at** the documents you have with you?

最初の話題を提示する

まず，ここ50年の出生率の変遷を調べることから始めます。

First, I would like to start by looking at the changing birthrates over the last 50 years.

バブル経済の原因を追究することがこの調査**研究の出発点**です。

I started my research because I wanted to understand what caused the bubble economy.

この**研究の第一歩**として大気汚染の状況を分析してみます。

> **The first step of this research** is to analyze the state of the air pollution.

どこを改善すべきかを検討することから報告を始めます。
> I would like to start my report from examining **what can be improved**.
> ＊日本語では「どこを」とあるが，英語では what（何を）の方が自然。

最初に考察すべき点はこれらのデータの**信頼性**です。
> The first thing we need to consider is the **validity** of these data.

では，新システムを開発する必要に**迫られた**理由は何だったのでしょうか。
> Then, what **forced** them to develop the new system?
> ＊直訳「では，何が彼らに新システムを開発するように**迫った**のでしょうか」
> ＊「誰が開発したのか」によって代名詞（us／you）は変わる。
> What is the reason behind the need to develop the new system?
> ＊「誰が開発したのか」を曖昧にしたいとき。

簡単な調査結果から**報告**してみようと思います。
> I would like to start with a brief **report** of the result.

最初に**従来の説**を整理しておきたいと思います。
> First of all, let me give you an overview of **traditional theories**.

新しいシステムの４つの**効用**についての第１点から始めます。
> Let me start by talking about the first of the four **benefits** of the new system.

通説に対する私の疑問を並べてみることから始めます。
> First, I would like to start this presentation by giving you a list of my questions about the **traditionally-held views**.

Tips for Translation ❶

英語は何よりもシンプルな構文にしよう

　すでに日本語で書いたオリジナルの論文があって，それを元に英語でのプレゼンをしようとするとお考えの方も多いでしょう。その際，「二重の訳」が必要になってくることに気づいていますか。「日本語から英語へ」と「書き言葉から話し言葉へ」の２つです。

❶─書き言葉と話し言葉

　もう一度，自分の書いた日本語の論文を読み返してみましょう。そこに並ぶ文はおそらく複雑な構造をもち，しかもワンセンテンスの長い「書き言葉用日本語」ではありませんか。そのまま英訳をしようとすると，関係詞や接続詞だらけの文になりそうですね。「とても訳しきれない」と思っても無理はありません。

　でも，ここで発想を転換してみましょう。実際，英語のネイティブスピーカーだって，そんなに複雑な文を口にしているわけではないのです。みなさんが普段話す日本語も論文調ではありませんよね。

　まず，次の例文㋐-①を声にだして読んでみてください。

㋐-①──今から350年ほど前の1650年に約5億人であった世界人口は，19世紀前半に10億人を超え，1960年に30億人，1975年に40億人と次第に増加のテンポを速めてきた。年平均増加率に関しては19世紀まで0.4〜0.5％程度であったが，20世紀に入り急激に上昇し，1960年から70年までは2％台を記録した。その後人口増加率は次第に低下の傾向を見せているが，1987年に50億人，1999年に60億人を超え，2001年の世界総人口数は61億3000万を記録した。今後の世界人口の動勢についてはその増加率は低下していくと予想されるものの，人口そのものは増加傾向に変化がなく，2025年には79億人，2050年には93億人になるとの推計が出されている。

　文の構造も複雑なうえ数字も多いこんな情報を一息に話されてもなかなか記憶に残りませんね。では，次の文ではどうでしょう。

英訳コーチガイド①

㋐-②──いまから350年ほど前，1650年の世界人口は約5億人でした。それが19世紀の前半にはすでに10億人を超えました。そして，1960年には30億人，1975年には40億人と増加するスピードも増してきました。

年平均の増加率ですが，19世紀までは0.4〜0.5%程度でした。20世紀にはいりますと，増加率は急上昇し，1960年から70年までは2%台を記録しました。その後，人口増加率に関しては低下の傾向にあります。

その一方で，人口は増え続けています。1987年に50億人，1999年に60億人を超え，2001年の世界の総人口は61億3000万人でした。

今後も人口の増加率こそ低下していく一方で，人口そのものは増加し続けるだろうとの予測がされています。推計によれば，世界人口は2025年には79億人，2050年には93億人になるとのことです。

例文㋐-①では4センテンスだったものを，例文㋐-②では改行も増やし，10センテンスに直し，構文も立体も表現もわかりやすくしてみました。そのことによって，何がどれだけ増え，何が上昇し，何が低下するのかといった情報をずっと整理しやすくなったと思いませんか。

❷─シンプルな構文の英語を使おう

ネイティブ言語の日本語でさえ，書き言葉のままではそれを話したり，聞いたりする際の情報処理はむずかしいですよね。そんなに得意でない英語で理解してもらおうというのであれば，話し手と聴き手の両方に，なおさら大きな負担が生じます。それを避けるためには，「自分自身が理解できるレベルの英語」を使うことが大事になってくるのです。さもないと，話している本人も自分の話の内容についていけませんし，そうなれば，当然，聴衆にもわかってもらえなくなります。

ですから，シンプルな構文で英文を作ることが何よりも肝心です。さらにプレゼンの内容をゆっくり話しても制限時間内にはいる程度の量にとどめておくことも必要です。

これに続く各章ごとの「英訳コーチガイド」は，実際にどのようにしてシンプルな英語の文をつくれば良いか，そのヒント集めてみました。ぜひ参考にしてみてください。

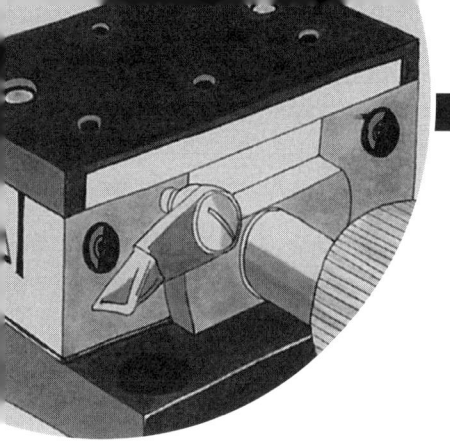

第2章 課題を提示する

――自説を展開する大事な一歩

挨拶部分がプレゼンのスタート地点でのウォームアップだとすれば，自分の研究の課題を提示する部分はプレゼン本論の最初の一歩です。自分の研究の対象が何なのか。何を目的にしたものなのか。そして，どのような研究手法をとったのかを簡潔に述べましょう。キーワードはゆっくり，はっきりと話すことです。そうすれば，聴衆にも自分自身にも安心感を与えることができます。細かい部分は論文を読んでもらえばよいのですから，焦らずに！

❶――問題の所在を明確にする　　　　　　　　　　CD7

報告のポイント

今回は，その一連の実験に**的を絞って**お話させていただきます。

> This time, I would like to **limit the scope** of my presentation to the series of underline{experiments}.

＊実験が1回なら an experiment，複数回なら experiments。

私どもの事例研究は今後の研究に参考になるかと考え，**時間を割いて**お話します。

> I would like to **spend some time** talking about our case study because I think it will serve as useful reference to future research.

これらの原因の1つ1つを丁寧に**考察**していきたいと思います。

> I would like to **look** closely **at** each one of those causes.

このシステム全体に影響する要素を**簡潔に指摘**しておきます。

> Let me **point out briefly** the factors that will affect the whole system.

では，この成果を公表するタイミングについて**詳しく検討**しましょう。

> Now let me **describe in detail** when to release the results.
>
> ＊下線の個所は when we should go public with the result(s) という表現もある。

研究のポイント①＝社会・経済系

ここで**問われなければならないのは**，企業の責任というよりも国の基本政策です。

> What we **need to address** here is basic national policy rather than corporate responsibility.
>
> ＊ address X ─→ X という問題に言及する／注意を向ける／本気で取り組む

ただし，環境保全にあたり，何が最善の方法かについては依然として**未解決のまま**です。

> However, **we still do not know** what the best solution could be to the problem of environmental conservation.
>
> ＊直訳「しかし，環境保全の問題に対する最善の解決策が何であるかを**我々はまだ知りません**」
>
> ＊「環境保全に取り組んでいるのが誰なのか」で，we／they と主語は変わる。

この金融政策**を議論するには**外国資本の流入状況について調査しておく必要があります。

> We need to get some research done on the inflow of foreign investment **before we start discussing** this financial policy.
>
> ＊直訳「我々はこの金融政策を**議論し始める**前に外国資本の流入についての調査をしておくべきです」

この高齢化問題に対する外国の政策を**さらに詳しく**調べてみましょう。

> Let us **look more closely at** how other countries are tackling the problem of an aging society.

ここで考慮すべき問題は，カメラで街頭を監視すること自体がプライバシーを侵害するかどうかということです。

> **The question we need to consider here** is whether using cameras for street surveillance violates people's privacy or not.
>
> ＊〜かどうか ─→ whether〜or not

59

●第2章＝課題を提示する

悲観視されている**決定的な要因**は，この計画が社会福祉の向上に寄与しないという懸念です。

> The **crucial reason** why <u>people</u> see this plan pessimistically is because they do not think it will help improve social welfare.
> ＊直訳「人びとがこの計画を悲観的に見ているその**決定的な理由**は，それが社会福祉の向上に寄与することはないだろうと思っているからです」
> ＊受け身の文を作るより「人びと」や「みんな」といった主語をおいて能動態の文を作る方が簡単。

研究のポイント②＝理工・技術系

ここで**重要なのは**，いかにして初動操作を短時間にするかという問題です。

> **What is <u>essential</u> here is** how to shorten the initial operation time.
> ＊essential 以外にも crucial や very important も可。

ここに，原子力発電は安全なのかという**疑問が生じます**。

> **This brings up a question** addressing the safety of nuclear power.
> **This makes us ask the question**: Is nuclear power generation safe?
> ＊こちらの例文は上記よりもっと問いかける感じになる。

次に**考察すべき問題**は摩擦によってどれくらい発熱するかという負荷です。

> The next **problem we need to consider** is how much heat is generated from the friction.

システム故障の原因を検討するにあたって，**問題点がもう1つ**あります。

> In order to look into the cause of the system failure, we need to overcome **another problem**.
> ＊直訳「そのシステム故障の原因を探ろうとする際に我々は**もう1つの問題**を克服せねばなりません」

いま，私どもが開発している新技術は，ほかの分野でも**応用が利く**基本技術であるといえます。

> <u>I believe that</u> this new technology we are developing now is a basic technology that **can be applied** to other areas.
> ＊下線部は You can say that／It can be said that などの表現も可。

これはすべての**条件を満たす**適切な物質をいかにして発見するかという問題です。
> The question here is how we are going to find the right material that <u>**satisfies** all **the conditions**</u>.
>
> ＊ satisfy the condition(s) ⟶ （ある特定の）条件を満たす

明確にしておかなければならない点は，その実験には**想定外の要素**が含まれていたという事実です。
> One thing we need to make clear is the fact that the experiment contained **unexpected elements**.

❷―用語や概念を定義する

導入

この語句を私なりに**定義しておきたいと思います**。
> Let me **define** the term the way I use it.

この定義を拡大解釈せずに**本来の意味に限定して用いたい**と思います。
> I would like to **narrow the definition to its original sense** and not expand the interpretation.

APEC とは Asia Pacific Economic Cooperation の**略語**です。
> APEC **stands for** Asia Pacific Economic Cooperation.

障害児とか登校拒否児とかいう言葉を安易に用いることは**避けたい**です。
> I **prefer not to** use careless terms such as handicapped children or truants.

用語を定義する

「道（どう）」とは真実の追求を**表現する**ための用語として使います。
> <u>Doh ―― or the 'way'</u> ―― is a term that is used to **describe** the pursuit of truth.
>
> ＊キーコンセプトとして使われている日本語は，いったんそのまま日本語でゆっくり発音したうえで適切な英語訳を提示するのが基本。

私がこの用語を使う際は技術に対する信頼性**という意味**です。

●第 2 章＝課題を提示する

What I mean when I use this term is the credibility of the technology.
我々はこの値を動態指数と**定義します**。
　We would like to **define** this value as an dynamic index.
私は東南アジア諸国連合の代わりに ASEAN という**省略語**を用います。
　I would like to use the **abbreviation**, ASEAN, rather than its formal name, Association of Southeast Asian Nations.
マニフェストとは選挙の際に政党が公表する有権者との契約文書**を意味し**ています。
　A manifesto **is** a contract between a political party and eligible voters which is made public by the party in their election campaign.
　＊ X は Y を意味する──→ X is Y／X means Y
「義務」という言葉をカントは**次のように**定義しています。
　Kant defines the term 'duty' **as follows**. "…"
　The term 'duty' is defined by Kant **as follows**. "…"
　According to Kant, the term 'duty' **means this**: "…"
　'Duty' is defined by Kant **as follows**. "…"
薬価とは病院や保険薬局が薬剤費として患者から受け取る国で決められた価格を**いいます**。
　Pharmaceutical prices **are** the prices set by the government as those to be paid to by the patients medical institutions and health insurance pharmacies for drugs.
　＊ X を Y という──→ Y is X／X is called Y

概念を定義する

私たちは人間を理性的動物と**定義しています**。
　We **define** the human as a rational animal.
ルネサンスは 14〜16 世紀にかけてヨーロッパ全土に興った文化運動**と定義づけ**られます。
　Renaissance **is** a movement of cultural revival which spread all through Europe from the 14th to 16th centuries.

* X は Y と定義される ──→ X is Y とも表現可

粉飾決算とは証券取引法などに違反して利益を意図的に過大・過小に計上する行為**を指します**。

> Window dressing **means** to either overestimate or underestimate the profit deliberately. This <u>violates</u> the Securities and Exchange <u>Laws</u>.

* violate a law ──→ 法律を犯す／法律に違反する

階層社会という言葉はあまりにも**曖昧に定義されてきた**といえます。

> I think that the term 'hierarchy' **has been too loosely defined**.

定義上，振動の変化は一定とします。

> **By definition**, we say that the change of oscillation remains the same.

その定義は圧力の概念**を除外**しています。

> The definition **excludes** the concept of pressure.

その定義はかならずしも瞬間の速度**を特定している**とはいえません。

> The definition does not necessarily **specify** the instantaneous speed.

❸ ─ 分析や実験・検証の方法を示す　　　　　　　CD8

導入
そのとき，私が採用したのは次のような**方法**でした。

> The **method** I adopted then was as follows.

まず，**これらのデータ**を理論的なデータと実践的なデータに区別しておくと考察するのに有効です。

> Dividing **these data** into two kinds is effective in analyzing them.

ここで議論されるデータは**次の方法**で採集されました。

> These data were collected by using the **following method**.

分析する
この問題を３つの観点から**分析して**みました。

> I **analyzed** the problem from three different perspectives.

この研究では統計分析法**を適用すること**で原子の分布状態を分析しました。

> In this study, we studied the distribution of atoms **by applying** a

● 第 2 章＝課題を提示する

statistical method.

調査する

日本の若者の政治意識を次の**3つの**視点から調査してみました。

I observed the political awareness of Japanese youth **from** the next **three perspectives**.

我々は全国の50か所で同時刻に大気汚染状況を一斉に**調査してみました**。

We **observed** how the air was polluted in 50 different places all over the country. The observations were all carried out at the same time.

暮らしの快適さという視点から35問の質問事項をつくり，約2500人を対象にその**アンケート**を行ないました。

I came up with 35 questions that would help me measure the level of comfort in life, and distributed the **questionnaire** to approximately 2500 people.

このアンケートには384人の医師が**回答を寄せて**くださいました。

A total of 384 doctors **answered** the questionnaire.

＊a total of X の方が「最終的にこれだけの人数が」というニュアンスになる。

この学費についてのデータは2005年8月に私立の大学生**を対象にして**アンケート調査したものです。

These tuition fee data come from the questionnaire survey I conducted **with** private university students in August 2005.

時間帯による交通量**の変化**を調べるために10日間にわたって同じ調査を繰り返しました。

I repeated the same procedure for 10 days in order to observe the hourly **changes** of traffic density.

＊change を名詞として使う。

In order to see how the traffic volume may **change** according to the time of day, I ran exactly the same check for 10 days.

＊change を動詞として使う。

この数字は電話による**世論調査**によって算出しました。

The figures are derived from the telephone **poll**.

観察する

次の5つのモデルケースを決め，2か月**にわたって**観察を継続しました。

I decided on the next five model cases, and I observed them **for a period of** two months.

この観察には次のアプローチを採用しました。

We adopted the following approach for **this observation**.

サンプルや事例を用いる

私たちはそれぞれの方式の利点を比較するために，その**ケーススタディー**として次の研究を活用しました。

In order to compare the advantages of both methods, we turned to the following research as a **case study**.

我々は30代の消費者の好みを研究するために20の色**見本**を使いました。

We used twenty color **samples** to see which may appeal to consumers in their 30's.

このサンプルは世界の50の研究機関から情報を収集したものです。

This sample represents the information collected from 50 research institutions from all over the world.

❹ —方針や特徴を明示する

研究の方針を明示する

この課題の核心に迫ることは**まさに本研究がめざしているところ**です。

To get closer to the core of this problem is **what this study is all about**.

今回は従来から使われているモデルを使うことによって波状効果**を調べる**予定です。

I am going to apply a traditional model to **study** the ripple effect.

今後の経済成長を情報産業の多様化の視点から**予測**してみます。

I would like to **predict** the future economic growth from the perspective of diversification.

●第2章＝課題を提示する

これらの難問を解決するために，私たちはリスク分担について研究し，取り入れることを考えています。
> **In order to solve these difficult problems**, we are thinking about studying risk allocation towards the goal of incorporating it.

このような**取り組み**が，今日の発展途上国における価格変動の原因を明らかにするうえで重要と考えております。
> I think that this kind of **approach** is very important in trying to determine the cause of price fluctuations in developing countries.

民俗学の**枠組**を応用して漁村に見られる信仰の実態調査をするつもりです。
> I am going to **apply the framework** of folklore studies and conduct a fieldwork survey on religious beliefs in fishing villages.

この運転事故の原因を究明するために制御機能**の面から**接近する方針です。
> We are going to investigate the cause of this driving accident **from the perspective of** control function.

私はトーマスの分析法を採用して空気中の水滴の運動**を定式化する**ことを試みました。
> What I tried was to **formulate** the moves of water droplets in the air by using the method of analysis proposed by Thomas.

研究の特徴を明示する

この評価モデルの中心には段階的に3つの視点がありますが，これが我々の研究の**特徴**です。
> We have incorporated three levels of perspectives in this evaluation model, and this is the **uniqueness** of our study.

私たちの研究モデルは，スミスが考案したモデルの基本的な特徴を**援用する**形になっております。
> Our research model **incorporates** the basic characteristics of the model proposed by Smith.

私たちは1980年から1990年にかけての経済動向を，企業の海外進出**を中心に研究して**おります。

> We **are working on** the economic trends from 1980 to 1990, **focusing on** companies' overseas expansions.

ここで開発されたモデルは従来の労働評価のモデル**を超える意味**をもっています。

> This model developed here **goes beyond** the traditional model that has been used to value labour.

この市場調査は顧客の嗜好を**階層別・地域別**に把握するのに行ないました。

> This market research was carried out to see the differences of customer preference **based on their class and the region**.
>
> We did this market research to see how customer preference may differ **depending on their class and where they live**.
>
> ＊この方が少しリラックスした口調。

コンピュータの出現が技術革新に与えた思想的な影響を**分析しよう**と試みています。

> What I am trying to do is to **analyze** how the emergence of computer affected technological revolution philosophically.

いままで人間の感性に頼っていた心理効果を**数値的に**明らかにしてみたいと思います。

> Traditionally, we have measured psychological effect by asking people how they feel, but I would like to display such effect **in numbers**.
>
> ＊直訳「伝統的には心理効果は人びとにどう感じているかをたずねることで測ってきましたが、私は**数字で**その効果を表わしてみたいのです」

わが社ではいままで人間が行なっていた製品の選別を自動化する機械の**開発を進めています**。

> My company **is developing** an automated sorter to deal with the sorting of products, which has been done by hand.
>
> ＊直訳「我々の会社は、これまで手作業で行なわれてきた製品の選別をする自動選別機**を開発している**ところです」
>
> ＊ my company を繰り返すと耳障りに聞こえることもあるので、ときにはシン

●第 2 章＝課題を提示する

プルに we といいましょう。

私たちは鉄筋コンクリートにさまざまな種類と程度の衝撃を与えて，亀裂がはいるタイミングを測定すること**を試みています**。

What we are doing is to give different kinds and degrees of impact to the reinforced concrete to measure when it will suffer from cracks.

＊この文の日本語でいうタイミングは英語の timing（時期・時間の調節・適時性など）とは意味が違い，「いつ亀裂がはいるか」ということなので注意。

このシステムが開発され，稼動すれば，生産時間がかなり短縮される**と確信しています**。

Once this system is developed and is put into operation, I **believe** it will greatly shorten the production time.

＊once S + V〜──→いったん S が V しさえすれば〜

この研究の重要で**際立った特徴**は有機栽培法における多様な相互作用に焦点をあわせていることです。

What is significant about this research is that it focuses on various interactions that are found in organic farming.

＊significant ──→（他と違っていて）とても重要／意味深い

＊次の 2 つは論文発表の際によく聞かれる質問。

What is significant about your research?

──→あなたの研究で，何が（他の人たちの研究と比べて異なっていて）とても重要なことですか。

What is the significance of your finding?

──→あなたの研究からわかったことで何が重要なのですか。

❺─研究の重点を明確にする　　　　　　　　　　　　　CD9

研究の立場を明確にする

私の研究は彼が提唱している理論の**正否を検討する**ものではありません。

My study is not meant to **put** his theory **to test** to see whether it is right or wrong.

68

ボディー①・文例編

私は従来の概念に対して**新概念を対置し**ようとしているのではありません。
> What I am trying to do is not to **establish a new and opposing concept** to the traditional concept.
> ＊notは「〜ではない」を強調している。

これは私の提案であって，旧来の説に**賛成しているわけでも，反対しているわけでもありません**。
> I am just proposing this. I **am not for or against** the traditional theory.

私は彼の仮説を**支持**しようとしているわけではありません。
> It is not my intention to **support** his hypothesis.
> ＊直訳「彼の仮説を**支持する**ことは私の意図するところではありません」

この課題を解決することでいままでの**論争に決着をつけ**たいのです。
> I would like to **put an end to all the disputes** by solving this problem.

この問題の解決策を検討することも大事ですが，それよりも原因を**確定することが先**だと考えます。
> It is certainly important to try and find the solution to this problem, but I think **it is more important to identify** the cause.

研究の意図を明確にする

この技術が，どのように製品化されるかを示す前に技術自体を**詳しく説明する**ことの方が有効でしょう。
> Before showing you how this technology can be commercialized, it will be helpful to **explain** the technology itself **in detail**.

この**研究の中心**は経験から来る職人技をコンピュータで制御することです。
> **The core of this research** is how to control experienced craftsmanship by computer.

この研究は一酸化炭素の有害性を**さらに明確にしよう**とする試みです。
> This study attempts to **further clarify** the poisonous character of carbon monoxide.

私どもはこのシステムの機能効率については考えておりますが，経済効果**については不問**です。

●第2章＝課題を提示する

> We have taken into consideration the functional efficiency of this system. However, the system's economic effect **is beyond our scope**.

私の研究は栗原理論を敷衍して発展させようと**意図するもの**です。

> My study **will** incorporate the theory proposed by Kurihara and develop the idea even further.

研究の段階を明確にする

いまや研究の重点は**実験から現実化の段階へと進んだ**といえます。

> The focus of the research has now **moved from running experiments to putting the ideas into practice**.

> Now the main stage of this research **is** <u>no longer</u> in the lab <u>but</u> in the real world.

＊no longer A but B ──→もはやAでなくてB
＊直訳「いまや，この研究の舞台の中心は**研究室ではなく現実世界の中**となりました」

しかし，私の考察は，まだまだ次の課題**への前段階**でしかありません。

> However, my observation is still only **a step before** the next challenge.

この技術は**実験段階**ですので，まだまだ注意深く研究を進めております。

> This technology is still at an **experimental stage**, so we are still working on this with care.

報告の順序を明確にする

本日は首脳会議の政治的な役割について報告し，経済的な役割については**次回にしたい**と思います。

> **Today,** I would like to talk about the political role of the summit. As for its economic role, I would like to wait **until the next opportunity**.

このシステムの使い方を詳しく検討するよりもシステムの原理**を先にお話**しましょう。

> I think I should **talk about** the principle of the system **first**, rather than explaining how to use it in detail.

ここで理論を詳しく**検討する前に**，いくつかの基本的な問題点を指摘して

おくことが先だと思います。
> **Before discussing** the theory in detail here, I would like to point out some of the fundamental problems first.

まず，この国の金融政策**を概観しておく**ことが大切です。
> **First of all**, it is important to **have a clear overview** of the financial policy of this country.

結論を急ぐ前に，もう少し理論的な検討を加えてみましょう。
> **Before rushing to the conclusion**, let me go through some more theoretical discussions.

❻ ─ 考察の対象を限定する

研究の対象からはずす

ここで私の研究と目的が違うものの概念**を保留しておきたい**と思います。
> I would like to **put aside** those concepts that will not serve the purpose of my research.

彼の研究は反証が提出されていますので，**検討する価値がありません**。
> We have seen some counter-evidences to his study, so I'd say <u>it is</u> **not worth examining** further here.

＊ S + be 動詞 + worth〜ing ──→ S は〜される価値がある

本研究は新技術の開発に限っており，その製品化について**は考慮外です**。
> This study is about the development of the new technology. Commercialization of the technology is **beyond its scope**.

この技術の精度をさらに高度化することは興味深いテーマですが，それは**現在の私たちの関心事ではありません**。
> To enhance the accuracy of this technology is an interesting theme, but it is **beyond the scope of our present interest**.

その物質の人体におよぼす影響については，まだ信頼できるデータがありませんので**除外いたします**。
> Since we do not have enough reliable data on the materials' effect on

71

●第2章＝課題を提示する

> human bodies, I will **not address it**.
>
> ＊address X ─→ X について話す

報告の対象を絞る

本日はこの研究の成果と，その応用**に限ってご報告したい**と思います。

> Today I **would just like to talk about** two things: the outcome of the research and its applications.
>
> ＊最初に「本日は2つの点のみに**関してお話いたします**」と，いくつの要点があるかを言い切ってしまうのも聴衆にはわかりやすくてよい。
>
> ＊applications の s は応用できる方法が複数の場合。1つしかないなら単数形で。

このたび，私どもが開発した新技術の広範な活用法**に的を絞ってお話をさせていただきます**。

> I **would like to limit the scope of my topic** today to how this new technology we have developed can be applied to various areas.

この問題**に限って検討したい**と考えます。

> My discussion will **only apply to** this particular issue.
>
> ＊直訳「私のお話することはこの特定の問題**のみです**」

私の研究と彼の研究は**意図が違います**ので，彼の仮説が間違っているというわけではありません。

> My research and his research **have different goals**, so I am not saying that his hypothesis is wrong.

報告の内容を限定する

彼の説は目的が違いますので議論**の対象からはずしましょう**。

> What his theory tries to do does not share the goal of my research, so let me **exclude that from my discussion**.

時間に限りがありますので，本日はお話の焦点を新しい実験装置の扱い方**に限りたい**と思います。

> Due to the time restriction, I would like **to narrow the topic** of my speech to how to use the new experimental apparatus.

本日の発表は研究の内容についてであって，方法**については主題外**です。

72

Today's presentation is about the content of the study and **not about** the methodology.

副次的な事柄について詳細に報告**することは必要がないと思います**。

I **do not think it is necessary** to report the side issues in detail.

I **do not see why it is necessary** to provide a detailed report on the side issues.

この点についてはすでに多くの報告書が公刊されておりますのでそちら**に譲りたい**と思います。

As long as this issue is concerned, there are many published reports, so I would like to **leave** the discussion **to** them.

＊例文の直訳に近い。

Many publications have dealt with this issue, so I do not think I need to discuss it any further.

＊直訳「多くの出版物がその問題を扱っていますので，私がこれ以上そのことを詳しくお話する必要もないかと思います」

これは本日の主題とは関係がありませんので**割愛させていただきます**。

This has nothing to do with today's theme, so I **would like to skip** it.

この問題にこれ以上，踏み込みますと，主題が不明確になりますので**避けたい**と思います。

Further discussion of this problem will only blur the main issue, so please let me **stop here.**

＊直訳「この問題についてこれ以上突き詰めて話すことは本来の論点を曖昧にさせてしまうだけですので，**ここで止めておきたいと思います**」

消費者の年齢別動向に関してはデータ**をもちあわせておりません**。

I am afraid I do not have any data of age-specific consumer trend.

＊I am afraid には「申し訳ないが…」の気持ちが込められる。

そのデータのさらに詳しい分析については，**その方面の専門家にお聞きください**。

As for the analysis of the data, please **consult the experts in the field.**

Tips for Translation ❷

長い日本語での文をシンプルな英語に訳すには

　話して伝えるプレゼンでは，自分の言いたいことを短い文で表現するのが効果的です。書き言葉で構成された論文中のワンセンテンスを2～3つに分けて短くし，シンプルな構成に作り換えることで，自分で内容を確認しつつ話を進められる表現にしましょう。

❶―ワンセンテンスの情報を分析する
　「英訳コーチガイド①」の例文㋐から最後の長い文を例にとってみます。

⇒今後の世界人口の動勢についてはその増加率は低下していくと予想されるものの，人口そのものは増加傾向に変化がなく，2025年には79億人，2050年には93億人になるとの推計がだされている。

　これを，内容をなるべく変えずにワンセンテンスの英語に訳してみたのがA-aです。聴き手だけでなく，話している本人も頭が混乱しそうではありませんか。

A-a ── As for the future world population, while it is expected that the growth rate of the world population will decline, it is also expected that the entire trend of population increase itself will stay the same, as experts estimate the world population to reach 7.9 billion in 2025 and 9.3 billion in 2050.

　そこで，3つのセンテンスに分けてみたのが例文A-bです。どうでしょう。読み比べてみてください。

A-b ── The growth rate of world population is expected to slow down. On the other hand, the upward trend of the entire population itself is expected to stay the same. Experts predict that the world population will reach 7.9 billion in 2025 and 9.3 billion in 2050.

ワンセンテンスの情報量がこの程度であれば，話し手も，聴き手も，事実を1つ1つ確認しつつ内容を追っていけますね。
　ここでは例文の内容を次の3つに分けてみました。
　　①——今後の世界人口の増加率は低下すると予想されている。
　　②——一方で，人口の増加の傾向は変わらないと予想されている。
　　③——実際の予測値は2025年に79億人，2050年に93億人である。
　このように，長い文を訳すときにまずするべきことは，その内容に含まれる情報を分析・分解することです。そうすれば，オリジナルの長い文をどこで切れば良いかがわかります。

❷——「つなぎ表現」をうまく使う

　大事なのは，「文を切った際に思考の流れまで切ってはいけない」ということです。上の例文でいうと，①と②の間をどうするかという問題です。A-aでは，whileという接続詞を使って「①という状態がある一方で②という状態がある」という情報の組み立てがなされていました。この①と②の部分をまるきり関連性のない文に書き換えるわけにはいきません。そこで，A-bでは，文頭にOn the other hand（その一方で）という「つなぎ表現」（transitional words and phrases）を使って①と②の内容のつながりを示しています。
　もう1つ例をあげてみました。B-bは2文ですが，出来事との関連性（ここでは出来事の順番）はB-aと同じです。下線部が「つなぎ表現」にあたります。

B-a —— After the hurricane hit the northern city and completely disabled the local infrastructure, it moved further north and finally lost its formidable force on the Sea of Japan.

B-b —— The hurricane hit the northern city and completely disabled the local infrastructure. <u>Then</u>, it moved further north and finally lost its formidable force on the Sea of Japan.

＊　　　　＊　　　　＊

　長い文を分析し，「つなぎ表現」を上手に使って短い文を重ね，わかりやすく，論理だてて話をするように心がけましょう。

第3章 諸説を検討する

——他説との共通点・相違点を明確に

　先行研究を十分に調べておくことは，学術論文を書くときにもっとも重要なポイントの1つです。プレゼンにおいても先行研究を紹介することは欠かせません。ほかの研究者が発表してきたことを提示して，自分の研究がどのような学問的な背景から生まれたのかを聴衆にわかってもらうチャンスなのです。その際，自分の研究と，ほかの研究者のものとの共通点と相違点をはっきりさせ，自分の研究がどのような貢献をするものなのかを伝えることが肝心です。

❶——この分野の研究の動向に言及する

先行研究がいろいろある

　この分野の研究は次々と新しい課題が生まれ，従来とは比較にならないほど急速に**発展しています**。

> This research field keeps presenting new challenges, and it **is growing** far faster than before.

　このテーマに類似した研究はすでに5年ほど前から大学や民間の研究所でも**さまざまな角度から**着手されています。

> For the last five years or so, many studies that are similar to this have been conducted **from various perspectives** at universities and private research institutions as well.

　この問題については，いまさら**異議**をさしはさむ余地がないほど議論しつくされているといえます。

> You can say that more than enough has been discussed regarding this

ボディー②・文例編

> issue to raise more **dissenting voices**.
> <u>I would say that</u> there has been enough discussion on this issue and no one sees it necessary to raise **an objection**.
> *〜といえます──→ you can say that〜／we can say that〜／it can be said that〜／I would say that〜

先行研究がほとんどない

こうした不思議な現象については関係者の間で以前から知られておりましたが，その解明については**誰も手をつけないまま**今日まで過ぎてまいりました。

> People involved have been aware of such a mysterious phenomenon, but **nobody has tried to solve** the puzzle <u>to date</u>.
> * to date ──→いままで／これまで

この問題はきわめて重要であるにもかかわらず，実験のむずかしさから，いままで誰も**取り組む人がおりません**でした。

> Despite the significance of the problem, **no one has ever tried to tackle** it due to the difficult nature of the experiment.

この問題については**先行する研究がほとんど見あたらず**，文献や資料を集めるのもことのほか困難でした。

> **There has been little preceding research** on this subject, so it was extremely difficult to collect literature and other materials.

パターン認識の構造については**いまだにほとんど解明されていません**。

> **Little has been explained** about the mechanism of pattern recognition.
> **Many questions have been left unanswered** where the pattern recognition mechanism is concerned.
> **We know little** about the mechanism of pattern recognition.
> *「解明されていない」はいろいろなバリエーションで表現できる。

先行研究の動向

インカ帝国がなぜ空中都市を建設したかの**定説はいまだにありません**。

> **Even today, there is no widely accepted notion** as to why the Inca

77

●第3章=諸説を検討する

> Empire built the aeropolice.

ここ数年の間，情報機器の高度化に関する社会的な**関心が急速に高まってきております**。

> For the last few years, **there has been a growing interest** in our society in the sophistication of information devices.

最近，インターネットによる金融商品の販売が世間の**注目を浴びる**ようになってきました。

> Recently, **people are paying increasing attention** to the sales of financial products on the Internet.
>
> ＊直訳「最近，**人々がインターネットによる金融商品の販売に注目する**ようになっています」

ここ10～20年くらいの間に，パソコンの使用が子どもの成長におよぼす影響についての**研究がかなり進められてきた**ように思われます。

> I think **there has been a considerable progress** in the research of the effect of personal computer use on child development for the last 10 to 20 years.

いま，農業に対する**強い関心**が若者の間に生まれてきています。

> We are seeing **a strong interest** in agriculture among young people.

この仮説はなかなか受け入れていただけませんでしたが，最近では，これを**支持する証拠や実験結果**がかなりでてまいりました。

> This hypothesis was not readily accepted. However, we see a growing number of **evidences and experimental results that support it** nowadays.

かつて，この説はあまり注目されませんでしたが，最近は状況が大きく変わり，**評価される**ようになってきました。

> Not many people paid attention to this theory before. However, things have changed recently and it **is appreciated** now.

この事実はいまや周知となり，考え方も**広く認められる**ようになりました。

> As this fact is universally known now, this way of thinking **has** also

> come to be accepted by many.

この分野の**もっとも説得力のある報告**は波動説に基礎をおく日本光学チームの研究です。

> **The most persuasive report** in this field comes from Japan Optics Team, whose primary interest lies in the wave theory.
>
> ＊直訳「この分野の**もっとも説得力のある報告**は日本光学チームからだされており，彼らの一番の関心は波動説にあります」

もっとも**一般的な学説**は電磁波による制御システムが衝突と摩擦を的確に管理してきたというものです。

> **The most common academic theory** is that the electromagnetic control system has been accurately managing the collisions and the frictions.

先行研究の問題点

この仮説について立証を試みた実験は**いままでにない**ように思われます。

> As far as I know, **there has not been** an experiment that has tried to prove the hypothesis.
>
> ＊「私の知る限りでは」というニュアンスを活かすには，as far as I know のほかにも to the best of my knowledge など。

この問題に対する人間の心理**についてはあまり関心が向けられてきませんでした。**

> **Not much attention has been paid to** the human psychology towards this problem.

このテーマに関してはいくつかのレポートがありましたが、いずれも**不完全**といえるものばかりでした。

> I have seen some reports on this topic, but they were all **insufficient**.

こうした見解はすでに東大の研究チームによって提唱されておりましたが，多くの専門家からはほとんど**無視され続けて**おりました。

> This view had already been proposed by a research team of the University of Tokyo, but many experts **have** basically **ignored it**.

このシステム故障は，原因についてはかなり研究されてきましたが，対策

●第３章＝諸説を検討する

については意見がなかなか一致しておりません。

> There has been quite a few studies on the cause of this system malfunction. However, **people do not seem to agree on** what to do about it at all.
>
> ＊後半部分の直訳「しかしながら，みんなはそれに対して何をすべきかということに関しては意見の一致をみないようです」

この歴史研究に**欠けているのは**当時の宗教的な背景の分析です。

> **What is lacking** from this historical study is the analysis of the religious background of that time.

❷──他説の研究結果を紹介・例示・援用する

他説を紹介する

ピアジェは発達心理学**に多大な貢献**をしました。

> Piaget **contributed a lot to** developmental psychology.

高橋和子氏**の業績がなければ**，私の研究はあり得ませんでした。

> **Without the achievement of** Kazuko Takahashi, this research of mine would not even exist.

早くも1950年代に，この技術はシカゴ大学の研究チームによって**開発されて**います。

> As early as in the 1950s, this technology **was developed** by a research team of University of Chicago.

一般相対性理論はアルベルト・アインシュタイン**によって提唱された**ものです。

> The general theory of relativity **was proposed by** Albert Einstein.

彼女が発見した酵素の働きは，この分野のその後の研究を飛躍的に**発展させました**。

> The nature of enzyme discovered by her **helped advance** this research area dramatically.

山本一郎はスポーツの経済効果についていくつもの重要なことを**指摘して**

━━━━━━━━━━━━━━━━━━━━━━━━━━━━━━━━━ ボディー②・文例編◆

います。
> Ichiro Yamamoto **has brought our attention to** many of the important issues of economic effects of sports.
> ＊直訳「山本一郎は**我々の注意を**スポーツの経済効果の多くの重要なことに**向けて**くれました」

そもそも私の研究は寺田説に刺激され，その結果を**追試すること**から始まりました。
> My research was inspired by the theory proposed by Terada in the first place, and it started from **replicating** what he did.

私の主張はアメリカの臨床心理学者アンダーソン**にも支持されております**。
> My argument **is also supported by** Anderson, an American clinical psychologist.

他説を例示する

レイモンドが述べているように，私も「人間の嗜好を科学的に分析することはむずかしい」とつくづく思います。
> **As Raymond says**, I too believe that it is very difficult to analyze people's preferences scientifically.

オハラは**次のように**指摘しております。「いちばん困難なところに，じつはいちばん大きなヒントが隠されている」
> O'Hara **says as follows**: "Where the difficulty lies is where the biggest hint is hidden"

このテーマに関する**有力な説**としては，たとえば広池の考え方があります。
> Hiroike's theory is one of the most **dominant theories** on this theme.

ブラウンとスコットは振動が空気抵抗におよぼす影響について**分析しています**。
> Brown and Scott **are analyzing** the effect of vibration on air resistance.

ジョーダンは，この事例にはどんな補修法も**適用できない**と論じています。
> Jordan argues that **no** repair method **can be applied** to this particular case.

81

●第3章＝諸説を検討する

この実験では合成洗剤の使用が河川をどれほど汚染するかが**証明されています**。

> This experiment **proves** just how much detergent use can pollute rivers.

他説を援用する

では，ここで竹中説の分類法を参考に**問題点を整理してみましょう**。

> Now, I would like to apply Takenaka's classification method to **organize the problems**.

横田さん**によると**，外壁が脱落したのは高熱の発生が原因とのことです。

> **According to** Yokota, the outer wall fell because of the high heat that was generated.

この研究の基礎データとして『科学研究』の2004年5月号に掲載された森テクノマネジメントが調査した数値を**援用させていただきました**。

> I have **borrowed** the data from the research conducted by Mori Techno Management, which was published in the 2004 May issue of "*Scientific Studies*", to use them as a part of the basic data I refer to in this research.

多田研究所は広範囲の異年齢集団から集めた**資料を基に**検証しています。

> Tada Institute **uses a set of data** collected from different age groups in many areas for the analysis.

エリオットが報告している情報はアメリカでの1970年から2005年にかけての**統計資料に基づいています**。

> The information Eliot provides **is based on the statistical data** compiled in the US between 1970 and 2005.

❸―他説の研究との相違点・共通点を指摘する

相違点を指摘する

この点についてはかなり**多様な解釈や意見**があります。

> There are **many different interpretations** of **and opinions** about it.

━━━━━━━━━━━━━━━━━━━━━━━━━━━━ ボディー②・文例編◆

我々の説と従来の説との間に**いくつかの大きな相違点を発見**します。

> We can **point out some major differences** between our theory and the traditional theories.

貝原説とスミス説の違いはデータの捉え方の違い**に起因する**ようです。

> The difference between the theories proposed by Kaibara and Smith seems to **derive from** their different interpretations of the data.

この研究は衝撃波の伝播に対して，これまでの研究とは**異なるアプローチをとって**います。

> This study takes **a different approach** from the other preceding studies where the propagation of the shock waves are concerned.

私たちは市場における商品性をいままでの直感レベルではなく，もっと量的に数値で**把握する**方法を研究しております。

> We are trying to find a quantitative method to **measure** the merchantability in the market instead of the traditional and more intuitive approach.

この製品を大量に生産するにあたって，私たちは時間の短縮よりもコストの低廉化**をテーマにして**おります。

> **What we would like to achieve** in mass producing this product is not to reduce the production time but to lower the cost.
>
> ＊「～をテーマにしている」とは「～を成し遂げようとしている」ことだと理解すれば上記のような自然な英文になる。

私たちの研究は，動的な変化に焦点をあわせることによって静的な変化をテーマとする先行研究**とは著しく異なって**おります。

> Our study focuses on the dynamic changes, and it is **quite different from** other preceding studies which focus on static changes.

これまでの多くの研究は高圧・高温下での収縮変化でしたが，私たちは異なる条件に**焦点をあわせて**います。

> Many studies have focused on the contraction changes under high pressure and high temperature, but ours **is focusing on** other conditions.

●第3章＝諸説を検討する

私が取り組んだのは，すでに和田説は理論的には確立しておりますので，それを実験的に**明らかにする**ことです。

| The theory put forward by Wada was already theoretically established. What I did, therefore, was to **clarify** it through experiments.

私たちが提出した分析は，極端な事例を考察から除外したという点で**従来の分析とは異なっております**。

| The analysis we came up with is **different from traditional analyses** because we eliminated extreme cases.

この要素がシステムに与える影響はきわめて大きいと考え**ている点で**，私たちの主張は**ほかとおおいに異なっております**。

| Our argument **considerably differs from others in that** we think this element can greatly affect the system.

類似点・共通点を指摘する

我々の仮説は彼女が提唱している仮説**とよく似ています**。

| Our hypothesis **is very much similar to** her hypothesis.

私の提唱する説には従来の説との間に**次のような類似点があります**。

| My theory and the traditional theories **have the following points in common**.

一見，研究内容が異なって見えますが，実験の対象が違うだけで考察している**テーマはみなさんと同じです**。

| My research content may look different on the surface. However, it **shares the same theme**. Mine just has different empirical subjects.

この要因の扱い方**については**，私たちも彼らもアプローチの仕方にそれほど違いはありません。

| Our approach and their approach are not so different **when it comes to** how to deal with this factor.

実験の方法はまったく違いますが，ハドソンと私たちは**かなり類似した結果**を得ました。

| The methods of experiment employed are totally different, but Hudson

■ボディ—②・文例編◆

and we came up with **fairly similar results**.
両者とも消費傾向を扱ったという点では**ある種の共通性をもっています**。
They **share something in common**, because they both deal with consumption trends.

❹—他説の研究結果を評価する

著名な研究を紹介する

この発見**に大きな功績を残された**のはアメリカのジョン・スミス博士とイギリスのポール・ドレイク博士のお二人です。
It was Dr. John Smith from the US and Dr. Paul Drake from the UK who **contributed tremendously to** this finding.

この研究で**著名な**のは松田隆志博士を中心とする NSK の技術陣です。
The group of technical experts at NSK Co. led by Dr. Takashi Matsuda is **well known** in this research field.

この技術に関するもっとも**権威ある研究**は，以前にスミス工学研究所によって報告された応用システムです。
The most **authoritative study** about this technology is the application system brought forth by the Smith Engineering Institute some time ago.

彼らの独創的な理論は，その後，この分野の**主流**になりました。
Their original theory later became **the mainstream** of this field.

他説の研究を評価する

彼の主張は，その後の研究によって**証明された**といえます。
His argument **was proven right** by subsequent studies.

今野研究所による世論調査は，軍縮に関する同じ賛否でも日本とアメリカ**ではその理由が異なっている**ことを示しています。
According to the poll conducted by Konno Research Institute, even when the Japanese pollees and the American pollees come up with the same yes and no answers to questions concerning disarmament, **reasons behind their opinions are not the same**.

●第3章=諸説を検討する

> ＊直訳「今野研究所による世論調査によると，日本人とアメリカ人の世論調査対象者が軍縮に関する質問に対して同じイエスとノーの答えをだしたとしても，**その意見の裏にある理由は同じではありません**」

木下氏による仕事は，この分野での**先駆的な研究**といえます。
> Kinoshita has presented a **leading study** in this area.

松本・大嶋・ホームズらのアプローチは，環境問題を念頭においた取り組みとして**高く評価される**研究といえます。
> The approach adopted by Matsumoto, Oshima and Holmes should **be highly appreciated** as an attempt to take environmental issues into consideration.

小倉金之助が数学教育に**はたした役割はきわめて大きい**といえます。
> You can say that Kinnosuke Ogura **played a very important role** in the education of mathematics.

彼が導きだした研究結果は，以下に述べる理由によってこの分野の**発展にきわめて価値の高いもの**といえます。
> His research results **have highly contributed towards the progress of** this research field for the following reasons.

このデータは，理論的にも技術的にも**応用範囲の広い**価値あるものと考えられます。
> These data **can be applied to many areas** both theoretically and technically and are considered valuable.

彼が提案している実験装置は運動の**方向性を予測するのに**きわめて役立つと思います。
> The experimental devices proposed by him will help greatly **when predicting the direction** of motion.

自分の研究との関係を説明する

松坂浩子氏の実験結果は私の追試の結果とも**まったく一致**しました。
> I replicated Hiroko Matsuzaka's experiments, and her results and mine are **exactly the same**.

森田博士の研究成果が正しいことを**前提**に私の研究は成立しています。
> My research is based on the **assumption** that Dr. Morita's research results are valid.

川崎プロジェクトが提出した仮説は私どもの仲間によって**立証されました**。
> The hypothesis proposed by Kawasaki Project **is now proven** by our research group.

1995年に発表された山田さんの分析法は，私たちに研究の**方向を指し示してくれました**。
> The method of analysis presented by Yamada in 1995 **showed us in which direction we should go**.

私たちが調査と研究を行なう際に**参考にした**のは，彼女が研究で用いた方法論です。
> We **drew upon** her methodology when we did our survey and research.

私たちは彼の分析結果を**援用して**今回の分析と検討を行ないました。
> We **borrowed** the results of his analysis in order to analyze and examine what we have here.

❺ ― 他説の研究結果を批判する

他説を批判する

私は先の見解に**批判があります**。
> I **would like to criticize** that view.
> I **do not agree with** the view presented earlier.

＊批判という言葉をそのまま使うのがためらわれるときは，下の例文のように「賛成できない」という表現にするときつくは聞こえない。

彼の主張に3つの疑問と，それに基づく**反論**があります。
> I have three questions about his argument, and I would like to present my own **counter-argument** based on them.

久保田チームの結論は**批判的に検討する必要があります**。
> The results obtained by the Kubota team **needs to be examined**

87

●第3章＝諸説を検討する

critically.

この理論は最新技術の現状を**考慮していない**と思われます。

I **do not think** this theory **has taken into consideration** the state of the latest technology.

批判点を示す

ジョンソンの批判に対するポーの反論には**誤謬**があります。

I would say that there are **errors** in Poe's counter-argument to the criticism presented by Johnson.

＊誤りを指摘するときは，I would say…（私にいわせていただければ）というような表現を使って直接的になりすぎるのを避ける。

このデータの彼の解釈は**拡大しすぎ**といえます。

I would say that his interpretation of the data **is overly extended**.

その仮説を，その実験で証明できると考えたことは**誤り**といえます。

We can say that it is **wrong** to think that the experiment proved the hypothesis.

化学的にみて，この見解は**的を射ている**とはまったく思えません。

Looking at this from the perspective of chemistry, I do not think the view **is right** at all.

風洞実験において，豊田昭彦博士の提案した方法が有効的である**かどうかというのは非常に疑問**です。

It is quite doubtful whether the method proposed by Dr. Akihiko Toyoda is effective in wind tunnel experiments **or not**.

この実験データは，実験回数が多いからといって必ずしも**精度も高い**とはいえないでしょう。

These experimental data have been obtained after many experiments, but that should not guarantee **a high degree of accuracy**.

親の扶養は長男が担当すべし**という主張**には法的な根拠はありません。

There is no legal basis to support **the argument that** it is the eldest son's duty to take care of his parents.

いまのところ，知的財産権についての法的な研究と整備は**まだまだ不十分**といえます。

> At the moment, the legal study and legislative preparations of intellectual properties are **far from enough**.

無条件にごみの焼却が大気汚染を引き起こしたというのは**誤解を招きやすい**といえます。

> To make a very general remark that the garbage incineration caused the air pollution **would likely cause misunderstandings**.
>
> ＊直訳「ゴミ焼却が大気汚染を引き起こしたという非常に一般化された発言をすることは**誤解を招きやすい**でしょう」

私どもの調査によると，今回の事故原因が制御装置の故障によるという**当事者の発表**は事実と異なっております。

> Our research shows that this accident was not caused by the fault with the control system, though that is **what the authority said**.

原子力発電は安全といわれておりますが，**その認識は誤っております**。

> It is said that nuclear power generation is safe, but I say that **it is a wrong understanding**.

私たちの実験データと彼らの実験データが完全に一致している**かどうかは不明確です**。

> **It is not clear if** our experimental data and theirs match perfectly.

彼らの研究は，その後のフィードバックについて**明確に述べていません**。

> Their study **does not explicitly provide** feedback they must have received later.

この説は実験データを添付しなければ**誤解を招く**にちがいありません。

> This theory must **invite misunderstandings** if experimental data are not attached.

Tips for Translation ❸
情報の因果関係に着目して短文にしよう

　ここでは，わかりやすくするために長い1文を分けて短い複数の文にできる典型的な例をさらにあげていきます。

❶ ─ 内容を原因と結果に分けてみる
　今回は例文に含まれた因果関係（原因と結果）の情報に注目してみましょう。

C-a ── <u>Because</u> the price of wheat skyrocketed <u>due</u> mainly <u>to</u> the poor harvest in drought-stricken Australia, prices of food products made from wheat such as bread and pasta have also risen sharply.

C-b ── Australia has been suffering from a severe drought. <u>This is one of the main causes of</u> this year's poor harvest of wheat. <u>This</u>, <u>in turn</u>, <u>is</u> drastically <u>pushing up</u> the price of wheat. <u>As a result</u>, prices of food products made from wheat such as bread and pasta have also risen sharply.

　C-a には「最近，オーストラリアは干ばつに見舞われている──→小麦が不作──→小麦の値段が高騰──→小麦を使った食品の値段も上がる」という複数の連鎖的な因果関係が because や due to といった英語の表現から読み取れます。C-b では，それぞれの情報を独立した文で表現しています。this（このこと）とか cause（原因）とかいった表現を使ってオリジナルの文に見られた因果関係を失わないようにしていることに注意しましょう。

❷ ─ 関係詞の代わりに代名詞を
　書き言葉なら関係代名詞や関係副詞が多用されても，読み手はいつでも「先行詞がこれで，それにこの説明内容がかかる」と構文を確認することが可能です。しかし，話の聴き手は，読み手と違い，先行する部分を後から確認することができません。頼れるのは記憶だけです。ですから，文があまりにも長くなるようであれば，関係詞の代わりに代名詞（she や it），あるいは指示代名詞（this や that）を使うよ

━━━━━━━━━━━━━━━━━━━━━━━━━ 英訳コーチガイド③◆

うな工夫をしてみましょう。

D-a ── Plants, which absorb the gas through tiny pores on their leaves called stomata and whose pores also release water vapor as they grow, play a crucial role in the regulation of the atmosphere by absorbing carbon dioxide from the air.

D-b ── Plants absorb the gas through time pores on their leaves. These pores are called stomata and they also release water vapor as plants grow. This means that plants play a crucial role in the regulation of the atmosphere by absorbing carbon dioxide from the air.

　D-aでは関係代名詞を2つ使って1つのセンテンスで表現した内容を，D-bでは3つのセンテンスで表わしています。D-aの情報を分析してみましょう。まずこれを日本語に直訳してみます。
　「その葉の表面にある気孔と呼ばれる穴からガスを吸収し，また成長につれ，この気孔から水分を放出する植物は，空気中から二酸化炭素を吸収することにより大気を調整するための非常に大事な役目をはたしている」
　複雑で，ずいぶんとややこしいですね。
　では，情報を細かく分けてみましょう。文の根幹をなすのは「植物は空気中から二酸化炭素を吸収することにより大気を調整するための非常に大事な役目をはたしている」という部分です。それは「葉の表面の穴から二酸化炭素を吸収することによって」であり，さらに説明すると，「この穴は気孔と呼ばれていて，植物の成長につれて水分を放出することもする」となります。この分析結果に沿ってできあがったのがD-bです。
　「植物は葉の表面にある穴からガスを吸収する。これらの穴は気孔と呼ばれ，植物の成長につれて水分を放出する働きもする。このことから，植物は，空気中から二酸化炭素を吸収することにより大気を調整するための非常に大事な役目をはたしているといえる」
　いかがでしょう。D-aに比べてわかりやすくなったと思いませんか。情報の因果関係に着目すると，シンプルな英文がつくれます。聴衆にも話し手にも，内容がフォローしやすくなったと思いませんか。これも英訳の大事なコツです。

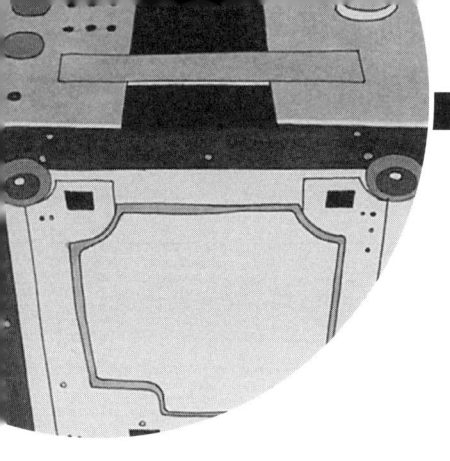

第4章 自説を展開する

──研究の経過や結果を詳しく丁寧に

　自分の研究の内容について説明するときがきました。みんな，あなたの研究に興味があってあなたの前に座っているのですから自信をもって話してください。どのような仮説のもとに研究を始め，どのようなデータや研究結果を得たのか。具体的に，そして，段階を追って話を進めます。結果や成果についてはどのような根拠があってそういえるのかもはっきりさせ，研究分野においてどういう意義づけができるのかに関しても言及をお忘れなく。

❶──仮説について述べる

導入

まず，私が立てた**仮説**についてご説明したいと思います。
　| First, I would like to explain my **hypothesis**.

この研究を始めるにあたって，次のような2つの**仮説**を用意いたしました。
　| When I started working on this research, I made two **hypotheses**.
　＊「仮説」の単数系は hypothesis，複数形は hypotheses。仮説を「立てる」は make のほかに generate, set up, frame など。

まず次のような大胆な仮説を立ててみました。
　| First, I **set up** a rather bold hypothesis like this.

私はこうした仮説を**長年にわたって執拗に**主張してまいりました。
　| I have kept repeating this hypothesis **so many times for many years**.
　＊直訳「私はこの仮説をもう何年間も繰り返しいい続けています」

私の仮説は次のような観点**から**立てたものです。
　| My hypothesis **comes from** the following perspective.

*例文の直訳に近い。
> The following view point **underlies** my hypothesis.

*直訳「次の視点が私の仮説を支えています」

仮説の意味づけ

この研究は私自身が3年前に提出した仮説を**検証する**ことにあります。
> This study tries to **verify** the hypothesis I proposed three years ago.

*仮説を「検証する」はほかに test も可。

この仮説は私の研究の**中核**をなすものです。
> This hypothesis is at the very **core** of my research.

私が提案している仮説には，じつは**先行研究**があります。
> There are some **preceding studies** to this hypothesis of mine.

彼が唱える仮説はこの複雑な現象を整理する**鍵を提供してくれます**。
> The hypothesis brought forward by him **provides us with a key** to organize this complex phenomenon.

この仮説は当面している**問題の解決に有効な視点**を与えてくれます。
> This hypothesis will allow us to have **a perspective that will help solve** the immediate problem.

仮説の要点

私はこの現象を化学・地学の2つの側面から分析してみることが可能だ**という仮説**を立てました。
> I formed **a hypothesis that claims** it is possible to analyze the phenomenon from the two aspects of chemistry and geology.

高齢化社会・少子化社会という角度から**予想される**親子の問題点を考察してみます。
> I would like to examine **possible** problems between parents and their children that could arise from the aging society and low birth rates.

*直訳「高齢化社会・少子化ということから起こり得る，親子の間に**存在するかもしれない**問題を考察してみたいと思います」

私の提唱する仮説はその原理**から導きだした**ものです。

● 第4章＝自説を展開する

> The hypothesis I am proposing is **built upon** the principle.
> ＊直訳「私が提唱しているこの仮説は臨床心理学**に基づいています**」

私見によれば，新システムによって生産量は2倍になる**と予想します**。

> In my opinion, the new system **should** double the production volume.
> ＊直訳「私見では，新しいシステムは生産量を2倍に**するに違いありません**」
> ＊助動詞の should は「〜すべきである」という意味のほかに「当然〜してしかるべきである」という意味にも使われ，ここではこの後者の意味。

> I **estimate** that the new system will bring about a twofold increase in production volume.
> ＊直訳「私はその新システムが2倍の生産量の増加をもたらすと**予測している**」

昨今の価格の高騰は需要と供給のアンバランスによる結果**というのが私の仮説**です。

> **My hypothesis is that** the recent price escalation was caused by the imbalance of supply and demand.
> ＊「不均衡」という意味でのアンバランスは普通 imbalance で，unbalance はとくに精神の不安定さをさす。

> **I hypothesize that** the supply–demand imbalance has caused the soaring prices we have recently witnessed.
> ＊直訳「需要供給のアンバランスが，我々が最近，目にしている価格高騰を引き起こしたという**仮説を私は立てています**」

この仮説に基づいて振動現象を分析してみましょう。

> Let's analyze the oscillation phenomenon **based on this hypothesis**.

❷—自説の核心に触れる　　　　　　　　　　　　　　CD11

導入
では，ここで問題の**核心**に迫りたいと思います。

> Now, let me focus on the **core** of this issue.

核心の意味づけ
この実験結果は長年の**謎を解く鍵**と考えられます。

94

| This experimental result is considered to be **the key to the mystery** that has not been solved for many years.

この分子の存在は私が提出した仮説に**正当性を与えてくれます**。
| The existence of this atom **validates** the hypothesis I proposed.

この資料を分析することで，この事故の**真相**を解明することができます。
| We should be able to know **what really happened** in this accident by analyzing these data.
| ＊直訳「このデータを分析することにより，我々はこの事故で**ほんとうに何が起きたのかということ**を知ることができるはずです」

もっとも重要なことは信頼できるデータを**探しだす**ことです。
| What is most important is to **find out** reliable data.

検討すべき大事な点はどんな施設をつくるかではなく，どんな内容をつくるかです。
| **The important issues to be discussed** are not what kinds of facilities should be built but what kind of contents should be offered.

いま，我々に求められているのは，原因の追究**に止まらず**，納得のいく対策です。
| What we need now is **not just** trying to understand the cause **but** coming up with convincing and satisfactory measures.
| ＊ not just A but B ──→ Aだけでなく（Aにとどまらず）Bまでも
| ＊直訳「我々がいま必要としているのは，ただ原因を知ろう**とすることだけでなく**，納得のいく対策を考えだすことです」

核心の要点

いま，日本社会の**中心課題**は高齢化と少子化です。
| Japanese society is faced with two **main issues** now: the graying population and the low birthrate.
| ＊まず「現在，日本の社会は2つの**大きな課題**に直面しています」と述べてから，その2つを具体的に紹介するというのは聴き手にわかりやすくて良い。

これらすべての問題に共通しているのは，**なぜ制御装置が起動しないのか**

●第4章＝自説を展開する

という疑問です。
> What all these problems have in common is **the question of why** the control system fails to start.

ここでの要点は，**いかに**リスクを回避するかにあります。
> What is really important here is **how to** avoid possible risks.

私が強調したいのは地震の予知**というよりも**災害への準備の重要性です。
> I would like to emphasize the importance of preparation for disasters **rather than** the importance of earthquake prediction.
>
> ＊ A rather than B ─→ B というよりも A

日本とアメリカとの文化意識の違いに注目すること**が何よりも重要です**。
> **What is most important is** to look at the different cultural awarenesses in Japan and in the US.

人材発掘の重要性は，**どんなに強調しても，強調しすぎることはありません**。
> **You can never emphasize too much** the importance of scouting talented people.

この誤作動の原因を追究することは**価値のあることです**。
> **It is worthwhile** to probe the cause of the technical glitch.

新薬の開発では，**第1に**安全性を担保しなければなりません。
> When developing a new drug, **the priority** must go to safety.
>
> ＊直訳「新薬の開発時には，人体への安全性に**第1番の優先順位**がつけられるべきです」

原因の特定にはこの物質の構成要素を徹底的に分析することが**不可欠**といえます。
> In order to identify the cause, it is **essential** to thoroughly analyze the elements of this substance.

この医療機器を実用化するには患者の身体的な負担を軽く**する必要があります**。
> For a practical application of this medical equipment, **it is necessary to**

96

reduce the physical strain it <u>may</u> give to patients.

＊ここで may を使っているのは，あくまでも「どのような身体的な負担を，どれだけ患者に与えるかが 100％はわかっていないので」というニュアンスを含む。

酸素がなければ，物質が燃焼することは不可能です。

No substance can burn **without** oxygen.

この機械を作動するにあたっては，環境破壊への影響は避けられません。

When you use this machine, **it will inevitably contribute to** destroying the environment.

❸ ─ データや資料，数値の扱いを説明する　　　　　CD12

データや資料の作成

このデータは消費者の嗜好を職業別に調査したものです。

The <u>data</u> **here** show the research results of consumer preferences based on their occupations.

＊data は複数形。単数形は datum。ふつう複数形を用いるのは，一塊のデータの中に複数の要素や数値が含まれていることが多いから。アメリカでは不可算名詞として単数あつかいされる場合もある。

この実験データは機械工学学会誌の 2008 年春季号に載っている報告に**依拠しております**。

These experimental data **come from** a paper in the spring issue, 2008, of the Journal of Mechanical Engineering.

この研究に用いられたデータは 2008 年に政府**が発表した統計に基づいております**。

The data used in this study **are based on the statistics made public by** the government in 2008.

前述したように，私たちは**過去 5 年間にわたる**継続実験のデータを手に入れました。

As stated earlier, we obtained the data from the longitudinal experiment **that ran over the period of the last five years**.

●第4章＝自説を展開する

市場の実態を解明するために，我々はサンプリングによる詳細なデータに加えて，人口の出入による**予測データ**も加味しております。

> In order to understand the reality of the market, we added some **estimates** from the incoming and outgoing population on top of the detailed data from our samples.

この研究に用いた資料の**出所**は国際技術協力センターのプロジェクトチームが発表した報告書です。

> The data for this study **originate from** the report published by a project team of the International Center of Technological Cooperation.

広川の同様な研究に，さらに広範囲にわたる追跡調査を加えたものが，この研究のデータの**基礎になっております**。

> Wide-range follow-up studies, as well as similar studies done by Hirokawa, **underlie** the data in this study.

この実験の測定は**正確さを期する**ために，厳密に7秒間隔でやりました。

> The measurement in this experiment was carried out exactly every seven seconds in order to **ensure the accuracy** of the data.

データや資料の解釈

ここで資金の動きを**いろいろな**データに基づいて分析してみます。

> Here, I would like to analyze the capital flows based on **various** data.

定点観測の結果は資料の1に示されています。

> You can see the results of the **fixed-point observation** in Document 1.

このデータは**平均的な**，いわゆるサラリーマンの生活実態を明らかにしているといえます。

> I think these data show the current living conditions of an **average** corporate employee, or a so-called salaryman.
>
> ＊salarymanは和製英語。日本社会に詳しい外国人相手であれば，この表現が通用することもあるが，corporate employee, salaried worker などが一般的。

再検査の結果，製造総数のうち0.2％に不適格品が**発見されました**。

> The reexamination **revealed** that 0.2 percent of the total products were

——————————————————ボディ—③・文例編◆

not up to the standard.
＊直訳「再検査は，製造総数のうち 0.2％は基準に達していないということを**明らかにしました**」

数値の解釈

これらの**数値**はお手元にメモしておいてください。後で使います。
| Please write down these **figures**. I would like to refer to them later.

この数値は次のように**グラフ**化して説明することができます。
| These figures can be shown in a **graph** as follows.

この表からサラリーマンの**1か月あたり**の小遣いは平均して2万円です。
| From this chart, you can see that the average pocket money for a salaried worker **per month** is 20,000 yen.

平均して，このシステムは1日あたり3回トラブルを起こしていることになります。
| **On average**, this system goes through three problems a day.

過去の実績に基づいて，この計画には約2億円の予算が組まれています。
| **Based on the past record**, a budget of approximately 200 million yen is set aside for this project.

過去20年間の統計から，日本人の結婚する平均年齢は4歳**上昇した**ことがわかります。
| The statistics over the last 20 years show that the average age for marriage for the Japanese **has gone up** by four years.
＊英語では4歳「分」というような変化の差異は by で表わす。

❹—分析や実験・検証の結果を考察する　　　　CD13

研究や調査の結果を考察する

この**検証結果**はただいま分析中です。
| The **validation result** is yet to come and is still is being analyzed.

ここで分析の結果を**検討してみましょう**。
| **Let's look closely at** the result of the analysis.

99

●第4章＝自説を展開する

データを解析した結果，まったく予想外の事実を発見しました。
> **When we analyzed the data**, we found a totally unexpected fact .

いままでの分析結果に**照らしてみますと**，今回の結果はかなり精度が高いといえます。
> When we **compare** this result to the results of past analyses, I think we can say that this one is fairly accurate.

この統計の結果は仮説の**正当性を裏づけるものでした**。
> The statistical result **verified** the hypothesis.

アンケートの結果は，健康は食習慣と強い関連があることを**改めて浮き彫りにしました**。
> The questionnaire result **yet again revealed** that the state of health has a lot to do with the diet.

この**分析結果**はお配りした資料の表5に示したとおりです。
> You will see **the result of the analysis** in Chart 5 of the handout.
> ＊handout（配布物）はよく使われる英語で，我々がよく「プリント」と呼ぶものも，普通は handout と呼ばれる。

長期間の調査の結果，私たちはその理論を受け入れることができません。
> **After years of research**, we find it impossible to accept the theory.

この理論が**受け入れられるためには**もっと多くの実証的なデータが必要でしょう。
> More empirical data will be necessary for this theory **to be accepted**.

今回の世論調査は我々の予想とは**反対**の結果になりました。
> This poll showed the **opposite** result to what we had expected.

今年は貿易黒字ですが，**それは関税を引き下げた結果によります**。
> This year, we see a trade surplus, but **it is due to** the lowered tariffs.

今回の調査によると，増税が**大きく影響した**と思われます。
> According to this research, the tax hike **played a significant role**.

この結果は**それが論理に反している**ことを明確に示しています。
> This result clearly shows that **it is not logical**.

実験の結果を考察する

この実験から**次のような結果が得られました**。
| This experiment **gave us the following results**.

種々の実験の結果，当初の仮説を**立証することはできませんでした**。
| After various experiments, we **could not validate** our initial hypothesis.

この実験によって従来からある疑問の多くを**解決することができました**。
| This experiment **helped solve** many questions that had been unanswered.

実験結果から，空気圧は温度に大きな影響を受けること**が判明しました**。
| From the experiment, **we learned that** the air pressure is heavily affected by the temperature.

その結果は私の思惑に**反するものでした**。
| The result **contradicted** what I had expected.

我々の予想**とは裏腹に**，実験の結果はまったく異なる数値を示しました。
| **Contrary to** our prediction, the experiment showed totally different figures.

今回の綿密な実験によって懸案の問題を**解決することができました**。
| This elaborate experiment **helped us solve** the pending problem.

今回の実験によって，理論上の**不備**が発見されました。
| This experiment revealed a theoretical **flaw**.

時間の関係上，これ以上の実験を続けることができませんでした。
| **Because of the time constraints**, we could not continue the experiments any longer.

❺ ― 理由や根拠を示す

導入

我々の主張の根拠は次に述べる実験結果と経常的な観察**によるものです**。
| **Our claim is based on** the experimental result and current observation that I am going to talk about.

●第4章＝自説を展開する

次のような事実が**私どもの主張の大きな拠り所**の1つとなっております。
| The following fact is one of the **major factors that support our claim**.

以上の理由から私どもが提唱している理論の正当性をご理解いただけるものと存じます。
| **From what I have explained so far**, I would like to think you have
| understood the validity of our theory.

主張や理論を肯定する

この資料を根拠にして，新解釈は**正しい**という説があります。
| Based on these data, some say that the new interpretation is **correct**.

これが，硬度が高いにもかかわらず膨張率も高くなる**理由です**。
| **This explains why**, despite the high degree of hardness, the degree of
| expansion is also high.
| ＊「理由」だからといって，いつも reason を使うのが最適とは限らない。「X が
| Y の理由です」という際に「X explains Y」（X が Y のことを説明してくれる）
| という表現も使えると便利。

この結果がでた**理由の1つ**は温度が高すぎたことによります。
| **One of the reasons** for this result is that the temperature was too high.

成功した**理由**は何といってもチームワークの良さです。
| Good team work was **the key** to the success.
| ＊直訳「良いチームワークが成功への鍵でした」

その主な理由はデータが十分に**信頼できる**と考えたからです。
| The main reason was that I thought the data were truly **reliable**.

主張や理論を否定する

この説を支持する**説得力ある理由はありません**。
| **There is no convincing reason** to support the theory.

我々はこれまでの定説を**覆す**に十分な根拠をもっております。
| We have enough reasons to **defy** the traditionally accepted theory.

この仮説に**反する**証拠が次々と発見されております。
| More and more pieces of evidence that **contradict** the hypothesis are

この説が**間違っている**という証拠は，この結果が明らかにしています。
> This result holds the evidence to prove that this theory is **wrong**.

私のいいたいのは，鈴木さんの主張には**根拠がない**ということではなく，誤解を招きやすいという懸念があるということです。
> I am not saying that Ms. Suzuki's claim is **groundless**. I am only concerned that her claim can be easily misinterpreted.

主張や理論を保留する

しかし，いまのところ，証拠が**十分とはいえません**ので，断言は避けたいと思います。
> However, since the evidence we have is **far from enough**, we would like not to assert our claim for now.

この論争になかなか**決着**がつかないのは，まだ決定的な証拠が発見されていないという理由によります。
> The reason why this debate has seen no **end** to it is that no decisive piece of evidence has been found.

この新技術は製造の能率化にかならず貢献するという**確証はありません**。
> **There is no concrete evidence** which shows that this new technology will contribute to the production efficiency.

この新説を支持するには信頼できる実験結果があまりにも**乏しい**といえるでしょう。
> I would say that we are presented with **scarce** experimental evidences to support this new theory.

この装置は高温度での耐用実験がまだなされていないという理由も一部にあって**未完成に止まっています**。
> This equipment **remains unfinished**. It is due partly to the concern that the durability under high temperature has not been tested.

市場調査を途中で**断念した**のは，予算が大幅に削減されたために費用が続かなくなったためです。

● 第4章＝自説を展開する

> We **had to give up** the market research in midstream because we didn't have enough fund to go on with due to the drastic budget cut.

❻ ─ 原因や由来を追究する

原因を追究する

ここで，この結果を招いた**原因**を考えてみたいと思います。
> Now, I would like to think about the **cause** of this result.

日銀総裁の発言が株価の上昇を**引き起こしました**。
> The comment of the Bank of Japan Governor **caused** the stock prices to rise.

自殺率が高い**原因**はこの不況に**あるといえます**。
> This economic depression **is causing** the high suicide rate.
> ＊直訳「この不況が高い自殺率を**招いています**」

今回の予期せぬ事故は設計ミスが**大きな原因**です。
> A design error **largely contributed to** this unexpected accident.
> ＊直訳「設計ミスが今回の予期せぬ事故に**大きく寄与しています**」

首相の不用意な発言が今回の反対運動を**引き起こしました**。
> A careless remark of the prime minister **brought about** this protest.

この理論と実験結果との矛盾はおそらく設備の不備に**ある**と思われます。
> It is considered that the contradiction between the theory and the experimental result **derives from** the defect in the equipment.

この事故の原因は点検ミスにある**と考えざるを得ません**。
> **The natural conclusion is that** this accident happened because of the inadequate inspection.
> ＊直訳「**当然の帰結は**，この事故は不適切な点検のせいで起こった**ということです**」

自殺の原因は貧困と失業**による**という主張は1つの説にすぎません。
> Some claim that people commit suicides **from** poverty and unemployment. It is, however, just a theory.

*直訳「貧困と失業から人は自殺するのだと主張する人もいます。しかし，それは1つの説にすぎません」

その事故原因は制御装置が正常に機能しなかったとしか思えません。

> In my opinion, **the cause of the accident** <u>must</u> have been the control unit malfunction.
>
> * must〜──→〜に違いない
> *直訳「**事故原因**は制御装置の誤作動（不調）だったにちがいありません」

私たちは，科学技術への過大な期待は科学信仰**の原因になる**と主張しております。

> We argue that placing too much expectation on science and technology can **lead to** religious belief in science.

コンピュータ社会は人間関係の希薄化を**招き**，地域社会の崩壊させる恐れがたぶんにあります。

> It is very likely that the computer society could **invite** poor interpersonal relations and destroy local communities.

由来を考える

この用語はラテン語**に由来します**。

> This term **originates in** Latin.

この技術はいままでに試みた数多くの失敗経験**を基にして生まれました**。

> This technology **was developed based on** many unsuccessful cases that we went through.

この技術は石井製作所が開発したろ過法を**さらに発展させた**ものです。

> This technology is **the advanced version** of the filtering method developed by Ishii Manufacturing.

その組織改革は政治家の不正に対する人々の怒りが**出発点になりました**。

> The organizational reform **was triggered by** people's anger towards politicians' wrongdoing.
>
> *直訳「その組織改革は政治家の不正に対する人々の怒りによって**引き金が引かれた形**でした」

●第 4 章＝自説を展開する

原子力発電の放射能漏れは安全神話**が招いた結果**です。
> The myth of safety **allowed** the radiation leak from the nuclear power plant.
> ＊直訳「安全神話が原子力発電所からの放射能漏れ**を許してしまいました**」

本来，アカデミーは哲学者プラトンが創った学園の名**に由来しています**。
> Originally, the word 'academy' **comes from** the name of the educational body called academy founded by the philosopher Plato.

この研究の源流は 18 世紀**にまで遡ります**。
> The origin of this study **goes back to** the 18th century.

❼─因果関係を示す　　　　　　　　　CD14

導入

原因なくして結果が生まれないのは申し上げるまでもありません。
> It goes without saying that **there is no result where there is no cause**.

調査の結果は，当初，私が掲げた予測に**おおかた一致していました**。
> The results **were close enough** to my initial prediction.

この不十分な調査結果はサンプル抽出の不備**が原因である**と思われます。
> The insufficient results seem to **stem from** the inadequate sampling.

因果関係を結論づける

一連の事故を検証した結果，システム自体に**主要な原因**があることが判明しました。
> After examining a series of accidents, we learned that there is a **major problem** with the system itself.

大気汚染の**原因は**ゴミの焼却や排気ガス**によります**。
> Air pollution **is caused by** garbage incineration and exhaust fumes.

結果として過剰な生産が倒産**の原因になっています**。
> As a result, overproduction **is causing** companies to go under.

株価の急激な下落が社会不安**を引き起こしています**。
> The plunge in stock prices **is causing** social anxiety.

油圧の変化は温度の変化によって生じます。
> The change in oil pressure **is caused by** the change in temperature.

多発する事故の原因は労働強化の**結果による**といえます。
> Intensified labor **is allowing** so many accidents to happen.
> ＊直訳「労働強化がこれだけ多くの事故が起こることを許してしまっています」

長時間の稼動がこの機械の耐性を超えて破損に**繋がった**と考えられます。
> The excessively long operating time seems to have been beyond the limit of what this machine could endure, and that was likely to **have resulted in** the damage.
> ＊直訳「あまりに長い稼働時間が，この機械が耐えられる限度を超えていたらしく，そのことが破損**という結果につながった**ようです」

不良債権**が原因**で，その会社は破産しました。
> The company went bankrupt **because of** the bad loans.

日銀総裁の不用意な発言が株価の下落**を引き起こした**といえます。
> You can say that the careless remark by the governor of the Bank of Japan **caused** the stock prices to fall.

因果関係を疑う

この誤作動の**原因はいまのところ不明**です。
> **We still do not know the cause** of the malfunction.

残念ですが，この実験は結果的に失敗だったと考えざるを得ません。
> **I am afraid that** this experiment resulted in a failure.

❽ ― 例をあげる

導入

ここで**例をあげて**おきます。
> Let me **give** you **an example** here.

次の現象は**1つの例として役に立ちます**。
> The following phenomenon will **serve as one example**.

私どもの研究をご理解いただくために，**例をあげながら**ご説明したいと思

●第４章＝自説を展開する

います。
> I would like to explain our research **as I list some examples** to help you better understand what we do.
> ＊直訳「みなさんに我々がやっていることをより良く理解していただくためにいくつか**例をあげつつ**研究の説明をしたいと思います」

この主張を裏づける例の１つに珊瑚の生態系があります。
> The coral ecology is one of the **examples that support this argument**.

具体例を１つ１つ示しながら私たちの提案をご説明したいと思います。
> Let me to explain our proposal as I list **concrete examples** one by one.

この法則にはいくつかの**例外**があります。
> There are some **exceptions** to this rule.

例示した内容を補足する

この写真は燃焼による化学現象を見事に**例証している**と思います。
> I think this picture **exemplifies** a chemical phenomenon caused by combustion.

自動車の生産量**を例にあげて説明してみます**。
> **Let me talk about** the production volume of automobiles **as an example**.

原子力発電所の事故は安全神話を批判するのに**良い例**です。
> An accident at a nuclear power plant is **a good example** you can use to criticize the safety myth.

大気汚染がいかに恐ろしいかということを**裏づける例**は数多くあります。
> There are many **examples that show** how horrifying air pollution is.

役人が公的資金を無駄使いしている**例**はいくらでもあります。
> There are so many **cases** where government officials are wasting taxpayers' money.

その正当性を示すもう一つの例は酸性雨の酷さにあります。
> **Another example to verity the claim** lies in how severe the acid rain is.

例をあげれば，出生率と経済力との相関関係があります。

> **To give an example**, there is the correlation between birth rates and economic resources.

英語になった日本語はたくさんあります。**たとえば**，すし・てんぷら・駅伝などがそうです。

> There are many Japanese words that are now part of the English vocabulary, **for example**, sushi, tempra, and ekiden.

❾ ― 研究結果を位置づける

導入

この結果が**今後の研究にどんな影響をおよぼすか**について考えてみます。

> I would like to think about **how this result may affect future research**.

これが，今後，この分野においてはたすであろう**役割**です。

> This is the **role** it is going to play in this field in the years to come.

これまで述べてきた研究の結果を総合して，私たちはこの問題に次のような**判断をくだす**ことができます。

> When we piece together the research results we have been talking about, we can **judge** this issue as follows.

この結論は確固たる論理と，それを裏づける実験的な証拠が十分に揃ったうえでのことです。

> I **came to this conclusion** from a firm logic and enough experimental evidence to support it.
>
> ＊直訳「私は確固たる論理と，それを支える十分な実験的な証拠から**この結論に達しました**」

位置づける

この結果，いままではたんなる推論にすぎなかった法則をみごとに証明することができました。

> **As a result**, we successfully proved a rule which had been previously nothing more than a deduction.

この技術は，私どもが繰り返し行なった一連の実験によって安全性が**保証**

●第4章＝自説を展開する

されました。

> The safety of this technology **has been guaranteed** by a series of experiments we repeatedly conducted.
>
> ＊日本語では「この技術は…安全性が…」と，まるで主語が2つあるかのような文でもおかしくないが（たとえば「象は鼻が長い」），そのまま英語に直訳するとおかしなことになるから要注意。この文では，実験によって保証されたのは安全性であって技術ではない。

この仮説は各レベルにおける実験によって**信頼性が認められ**，いまのところ，これに反する結果は皆無です。

> This hypothesis **was found valid** by experiments at different levels, and so far we haven't seen any result that says otherwise.

この方法が，この難問を解決するうえで重要な決め手になると**確信するに至りました**。

> **In the end, we believed that** this technique was the important key to solving the difficult problem.

価値づける

この研究は従来の定説に新しい疑問を投げかけるものとして**貴重です**。

> This study is **valuable** because it questions the traditionally accepted theory.

この技術の発明はいままでの生産量を飛躍的に発展**させるにちがいありません**。

> The invention of this technology **is sure to** increase the production volume dramatically.

この研究はまったく実用の必要性から出発しましたが，**そこにとどまらず**，この分野の理論を飛躍的に発展させるきっかけをつくりました。

> This research started from a totally practical need. However, **it went beyond that** and contributed to considerably advancing the theory in this field.

この発見はこの分野での定説を**覆す**役割をはたし，多くの研究者と技術者

を引き込む契機となりました。
> This discovery **overturned** the widely held theory in this field. It also encouraged many researchers and engineers to join.

この精密機械はカメラ産業の分野だけでなく，医学の手術に応用され，将来，治療**に貢献する**と確信しております。
> I can say that I am convinced this precision machine will be applied not only to the camera industry but also to medical surgery. As a result, it will **contribute to** future medical treatment.

この研究成果は機械工学だけでなく，関連する学問分野に**多大な影響をもたらしました**。
> The achievement of this study **has made a significant impact** not only in the field of mechanical engineering but also in many other related academic fields.

この技術は時間と労力を大幅に**節約させ**，経費を大きく下げるでしょう。
> This technology will **save** considerable amount of time and labor, which will also reduce cost by a large margin.

この技術開発が生産の効率化**を生み**，次の段階へ進めました。
> This technological development **brought about** efficient production and pushed it to the next stage.

この研究によって開発された新技術は効率が高く，すでに数多くの**特許も出願されています**。
> The new technology which was developed out of this research produces high efficiency rates, and quite a few **patent applications have been put forward.**

この研究は，誰もが想像もしなかったような新事実を提示しました。
> This study presented a new fact **that nobody had even imagined.**

Tips for Translation ❹

受動態より能動態を効果的に使おう

　単純な文でも複雑な文でも，提示される情報の量も内容も大差ないときがあります。十分な時間をかけて書いたみなさんの論文には，おそらく関係代名詞や受動態を多用した，むずかしくて長い文がたくさん使われているでしょう。

　でも，人間の脳にとっては，よりシンプルな文の構造で表現された情報を処理する方が複雑に表現された情報を処理するよりも楽なのです。ですから，受動態と能動態では能動態の方がスッと頭にはいってきます。受動態をまるきり使わないプレゼンというのも不自然ですが，論文に比べれば，頻度は少なめにする配慮が必要になります。

❶─動作の主体が第三者であるとき

　まずは，受動態の文における動作の主体（実際に行為を行なっている人やもの）が第三者である例をあげてみます。受験英語で学んだ「文の書き換え」の要領で受動態（E-a）から能動態（E-b）へ転換することができます。

E-a ── This accidental discovery was made by Johnson while she was working on a different subject.
E-b ── Johnson made this accidental discovery while she was working on a different subject.

❷─形式主語を使わず主体を表に

　It is expected that..., It was found that...という形式主語のIt を使った表現は論文のあちこちにでてきます。学術論文では，本来，見解を述べているのが著者本人であっても，主体である書き手の顔が見えすぎないように，I も we も使うのをなるべく避けることが通例です。

　しかし，プレゼンの場というのは，実際に研究を行なったアナタ自身が自分の研究内容と結論を述べる場です。聴衆はアナタの顔を見ながらアナタの話に耳を傾けます。そのような場では，「我々はこういう予測を立てている」（We expect that

...),「私はこういう結果を得た」（I found that...）と，主体を表にだす方が自然に聞こえます。
　「…という結論に達した」という表現を，形式主語を使った受動態の文 F-a と，「我々は」を主語に使った能動態の文 F-b で比較してみましょう。

F-a —— Based on the date from brain scans, <u>it was concluded that</u> differences in brain structure could render some people more vulnerable to the effects of cocaine.

F-b —— Based on the date from brain scans, <u>we concluded that</u> differences in brain structure could render some people more vulnerable to the effects of cocaine.

　F-a よりも F-b の方が「これが我々の結論です」と胸を張って発表している感じがしませんか。もちろん，I も we も多用しすぎると，それはそれであまりに主観的な印象を与えてしまう恐れもあり，その加減がむずかしいところですが・・・。

　さて，形式主語を使った表現で，主体が誰なのかはっきりしない場合もあります。G-a のように，一般的にいわれていること，一部でいわれていることなどを表わすときです。「人びと」（people）を主語にすれば解決します。

G-a —— <u>It is usually thought that</u> drug dependence is a moral weakness.

G-b —— <u>People usually think that</u> drug dependence is a moral weakness.

　同様の内容で，drug dependence を主語にした受動態の文も「人びと」を主語にして書き換えられます。

H-a —— <u>Drug dependence is usually thought to be</u> a moral weakness.

H-b —— <u>People usually think drug dependence is</u> a moral weakness.

　　　　　＊　　　　　　　　＊　　　　　　　　＊

　とくに理由もなく受動態を使うことは，聴衆と，そして，話し手自身の脳に余分な負担をかけることになります。そればかりか，内容が曖昧になったり，ギクシャクした文になったりします。能動態を効果的に使いましょう。

113

第5章 論述を制御する

——努めて明瞭に簡潔に説得的に

　この章で紹介する表現は，とくにプレゼン全体を通して使えるもので，ほかの研究を評価する際にも，自説を展開する際にも役に立ちます。たとえば，強調すべき点や，逆に弱調したい点をどう提示するのか。あるいは，話を整理したり，まとめたりするときに便利な表現は。言いたいことを追加したり，話題を移したりするときにはどう表現するか。また，他人の説への賛成と反対の表現もここで紹介しています。ぜひマスターしてください。

❶—検討する　　　　　　　　　　　　　　　　　　　CD15

研究方針を検討する

研究方針を大胆に転換する必要があります。
> It is necessary to drastically change the **line of research**.
> ＊例文の直訳に近い。

> We need to find a totally different **approach to the study**.
> ＊直訳「我々は**研究に対し**まるっきり異なった**アプローチ**を考えなくてはなりません」

期待した実験値が得られない以上，仮説を**根本から考え直さ**なければなりません。
> Since we have not seen expected experimental values, we need to **fundamentally review** our hypothesis.

ここでは対策よりも**原因**の**追究**が重要です。
> **To investigate the cause** is more important here than to try to think of countermeasures.

ボディー④・文例編

重要なことは現場を直視して**理論を吟味する**ことです。

> What is important is to face <u>what is going on right there</u> and **carefully consider possible theories**.

＊英語では日本語にあたる「現場」は状況ごとに異なる。たとえば，教育の現場なら what is going on in schools あるいは in classrooms が適切だし，製造業の現場なら what is going on at the production line とか what the factory workers are doing であったりする。ここでは「まさにそこで起こっていること」と表現。

この不可解な現象を説明できる**かどうかが課題です**。

> **The issue here is whether** the mysterious phenomenon can be explained or not.

もう1つの視点から検討することも大切です。

> It is important to look at this **from another angle**.

温度・圧力・摩擦を**考慮に入れて**分析してみましょう。

> Let me analyze it by **taking into account** the temperature, pressure, and friction.

資料やデータを検討する

私たちが得た市場調査を**もう少し詳しく**検討してみます。

> I would like to discuss the marketing research results we obtained **in more detail**.

温度による振動数の変化は**検討に値する**視点です。

> The change in frequency caused by temperature **is worth looking into**.

調査した結果を**子細に**分析してみます。

> I would like to analyze the research results **in detail**.

すべての実験結果はこの理論の**正しさを示しています**。

> All the results of the experiments **assert** the theory.

研究内容を検討する

この問題について**さらに考えてみましょう**。

> **Let us think further** about this problem.

検討すべき課題は，なぜそれが**失敗したか**，その原因を探ることです。

● 第 5 章＝論述を制御する

> What we need to do is to find out why it **didn't work**.
> ＊「失敗する」は fail だが,「うまくいかない」くらいのニュアンスにとどめたいときは does not work を使う。

この研究に寄せられた批判が妥当かどうか１つ１つ**丁寧に検討してみましょう**

> **Let me thoroughly examine** each critique of this study.

私たちは新しい技術に関しての**理解**をもっと深めなければなりません。

> We need to deepen our **understanding** of new technology.

検討した結果，仮説を証明するには**まだまだ証拠がたりません**。

> After all the discussions, I concluded that **there was not enough evidence** to prove the hypothesis.
> ＊直訳「いろいろ検討した結果，仮説を証明するに**十分な証拠はない**と結論づけました」

新技術の開発によって生産の効率があがったことは**明らかです**。

> **It is obvious** that the development of new technology allowed the production efficiency to improve.

❷—強調する

導入

この点をここで繰り返し**強調**しておきたいと思います。

> Let me repeat it once again to **emphasize** this point.

成果について

この研究結果は関連分野でかならず認められる**と信じております**。

> **I believe that** this research result will definitely be acknowledged in the related fields.

この新製品は技術者の注目を集める**と確信しております**。

> **I am convinced that** this new product will catch the attention of engineers.

この実験は**それだけの理由があったから**成功したのです。

ボディー④・文例編

This experiment succeeded **for a reason**.

内容について

広範で多角的なデータの重要性はいくら**強調しても強調しすぎることはありません**。

You can never emphasize too much the importance of having a set of broad and multidimensional data.

この条件を満たしていれば，**決して失敗することはありません**。

There is no way you can fail as long as this condition is satisfied.

私どもの最大の関心はこの資料の出所を特定することです。

What we are most interested in is to identify the source of this document.

＊「資料の出所」を「資料のでてきたところ」とすると，このような訳が可能。

Our biggest concern lies in identifying where the data come from.

このアンケートの取り方と，その結果は**注目に値する**でしょう。

I would say that the method and the result of the questionnaire are **worthy of attention**.

どんなに困難でも，**このハードルを越え**なければなりませんでした。

No matter how difficult it was, we had to **clear this hurdle**.

この事故の根本的な原因が**突き止められない限り**，システムの改善は求めようがありません。

Unless the fundamental cause to the accident **is uncovered**, it is not possible to improve the system.

強調すべき重要な点は，技術力の高さは**すでに多くの信頼を得ている**ということです。

What I need to emphasize here is that the advanced level of the technology **has already earned a lot of confidence**.

テーマについて

我々の今回のテーマは大量生産**よりも**品質の向上が重要だと考え**ています**。

●第 5 章＝論述を制御する

> We think that the most important point here **is** quality improvement and **not** mass production.
> ＊直訳「我々がここで一番大事なポイントだと思っているのは品質向上**であって**，大量生産**ではありません**」

この研究の一番重要な**課題**は実験の精度をいかに上げるかということです。

> The most important **challenge** in this study is how to improve the accuracy of the experiment.

この**システムを開発した最大の理由は**，製造原価を現在よりも 15 パーセント軽減できるということです。

> **The main reason why** we developed the system is that the production cost can be cut down by 15 percent.

この製品について，我々が安全性**の次に**考慮しなければならないのは耐久性です。

> **After** safety, durability is what we need to consider about this product.

この研究には**信頼性の高いデータ**を集めることが重要といえます。

> What is important for this study is to collect **reliable data**.
> ＊例文の直訳に近い。

> This study requires that we collect **reliable data**.
> ＊直訳「この研究は我々が**信頼できる**データを集めることを必要とします」

体制について

新技術を開発するためには，**それを専門に研究するプロジェクト**を立ち上げる必要性があることを強調したいと思います。

> I would like to emphasize that, in order to develop new technology, it is necessary to start **a project that is specifically designed for it**.

この大きなテーマを成功させるには，**学問分野を超えて協力しあうこと**が不可欠です。

> For such a major theme to be successfully achieved, **interdisciplinary cooperation** is essential.

*「学問領域を超えた」あるいは「学際的な」は interdisciplinary。

この実験が失敗すれば，研究プロジェクトの解散は**避けられません**でした。

> If the experiment <u>had</u> <u>failed</u>, the breakup of the research project team <u>would have been</u> **inevitable**.

*If X had -ed..., Y would have-ed...（仮定法過去完了）──→もしXが…だったら（したのだったら），Yは…だった（しただろう）

❸──弱調する

導入

それは**たいした問題ではありません**。

> It is **not a serious problem**.

ほんとうに期待しても良いのでしょうか。

> Can we **really** expect that is what will happen?

*直訳「ほんとうにそういうことになると期待しても良いのでしょうか」

データや資料について

その資料は，ここでは**それほどの重要性をもっておりません**。

> The data here **do not carry much significance**.

このデータは大切ですが，といって，これが**すべてではありません**。

> These data are important, but they are **not everything**.

この資料の信憑性にはやや**疑問**があります。

> There is a **question** about the reliability of the data.

内容について

この理由は結果に大きな影響をおよぼしている**とは思われません**。

> **I do not think that** this reason is affecting the result all that much.

この子細な誤差は**無視してかまわない**といえます。

> You **won't need to take into account** this minor error.

*「無視する」を ignore にするとちょっと強すぎる。そこで，「無視してかまわない」を「**考慮する必要がない**」と表現。

●第5章＝論述を制御する

その条件が**ほんとうに大事**だとは思いません。
> I do not think the condition is **critical**.
> ＊ critical ──→決定的に重要な意味をもつ

この性能をどこまで維持できるか**不安材料**も抱えています。
> To what level can we retain the performance? It is one of our **concerns**.
> ＊直訳「どのレベルまで性能を保持していられるでしょうか。それも**心配ごと**の1つです」

効率が一気にレベル・アップしたことは，逆に一気に**レベル・ダウンする危険も抱えている**といえます。
> The fact that the efficiency level went up so dramatically also means that **it could go down** in the same way.
> ＊例文の直訳に近い。
> The efficiency was improved at one stretch. It also means **that it could deteriorate** in the same manner.
> ＊直訳「効率性は一気に上がりました。それは，つまり同じように効率性が一気に**悪化する可能性もある**ということです」

論証するにはもう少し補完材料を必要とする**かもれません**。
> **Maybe** we need more supplementary materials in order to support our theory.

論点や結論について

この論点はとりあえず**棚上げにします**。
> Let me **leave** this discussion **aside** for now.

この点は**とりたてて問題にするほどのことではありません**。
> This **is not a major issue**.

かならずしもこの結論が正解**とは限らないかもしれません**。
> This conclusion **may not necessarily** be the right answer.

じつをいうと，まだ完成していません。
> **To tell the truth**, it has not been finished yet.

実際はまだ期待していたような結果を生みだして**おりません**。

━━━━━━━━━━━━━━━━━━━━━━━ ボディー④・文例編◆

> **In reality, it has not** produced expected result.

結論を得るにはまだまだ未整理な部分**を残しております**。

> **There are** still some questions **left**, and we do not have the definite conclusion yet.
>
> ＊直訳「まだよくわからない**点がいくつかあり**，最終的な結論はまだでていません」

結論**というよりも**仮説ということにしたいと思います。

> Let me call this a hypothesis **rather than** a conclusion.

❹―整理する 〔CD16〕

テーマを整理する

では，このテーマを次の３つの視点から**整理して**みたいと思います。

> Let me **organize** this theme from the following three perspectives.

これらのテーマを重要性の高いものから順位をつけて**まとめてみます**。

> Let me **reorganize** the topics by giving them priorities.

これらの主題を次の**４つの項目に分けて**整理しておきます。

> I would like to organize the main themes **by putting them into four categories**.

この件に関しましては，本日のテーマではありませんので別の機会に詳しく説明したいと考えます。

> **As for this topic**, I would like to talk more about it some other time because it is not part of today's theme.

いま提出されている疑問のうち，本日のテーマに直接かかわる問題**に絞って**話を進めます。

> Of all the questions that we have now, I would like to **concentrate on** those that are directly related to today's topic.

話を整理するために，ここでもう一度，本日のテーマを**確認しておきましょう**。

> Let us **confirm** what today's topic is once again so we can organize the

121

● 第 5 章＝論述を制御する

discussions.

論点を整理する

ここで**論点を整理**しておきたいと思います。

Let me organize the **issues that have been discussed**.

これらの論点は 3 つの類型**に分類・整理する**ことができます。

These issues can **be organized and categorized into** three different types.

内容を整理する

つまり，いままでお話してきたことを整理すると，この研究には 3 つの意義があるといえます。

In other words, to organize what I have been talking about, there are three purposes to this study.

最後に申し上げた観点は今日のテーマから**は除外しておきたい**と思います。

The last issue I have raised **will not be included in** today's topic.

いままでお話してきた考察は**結局**，前のテーマと同じ範疇にはいるといえます。

What I have been discussing can be, **in the end**, categorized into the previous topic.

整理すると，私たちの研究はようやくここまできたといえます。

In summary, you can say that our study has finally reached this point.

新技術の開発は**いよいよ**最終段階にあるといえます。

The development of the new technology is in its final stage **at last**.

ここで推測による論拠をすべて棚上げし，事実**だけに限定**したいと思います。

I would like to put aside all the discussions based on speculations now and **concentrate on** facts alone.

話があちこちに**飛んで**おりますので，ここで話を本論に戻します。

It seems that **the discussion is going into all directions**, so please allow me to return to the main subject here.

結論からいえば，この問題を解決することはかなりむずかしいと考えております。

> **To jump to the conclusion**, I think it is quite difficult to solve this problem.

まとめますと，この技術は多方面に応用が利くということです。

> **To sum everything up**, this technology is applicable to many fields.

❺―換言する

表現を端的にする

わかりやすくいうと，修繕するより買い換えた方がお得です。

> **To explain it in simple terms**, it costs you less to purchase a new one rather than to get it repaired.
>
> ＊直訳「簡単な言葉で説明しますと，それを修理されるよりも新しいのを買った方が，よりお金がかかりません」

大雑把にいえば，今年度の決算は2000万円の黒字です。

> **Roughly speaking**, this fiscal year closed with a surplus of 20 million yen.

率直にいうと，この研究は当初の目論見どおりには進んでおりません。

> **Frankly speaking**, this study is not going as initially expected.

率直にいえば，現地に赴き，もう一度，再調査をしてみる必要があるかと思います。

> **To be honest**, I think it is necessary to go there once again and reinvestigate it.

具体的にいうと，予算を1500万円ほど追加していただきたいのです。

> **To be more specific**, I would like an extra budget of about 15 million yen.

極端に言い換えれば，この研究はコストの大幅な削減をめざしているといえます。

> **Another way of saying it in extreme terms is that** this study aims to

● 第5章＝論述を制御する

dramatically reduce cost.

正確にいうと，この製品は本社内ではなく関連会社で生産しています。

To be precise, this product is produced not by the headquarters but by affiliated companies.

簡潔にいえば，この新しい技術を開発しなければ，展望は開けません。

Plainly speaking, there well be no future if the new technology is not developed.

一言でいえば，理論よりも実験を重視しています。

Put simply, experiments are regarded more important than theories.

概念を言い換える

「高齢化社会」は，**いうなれば**「年金社会」と言い換えることができます。

A graying society is a pension society, **so to speak**.

それは体力の問題**というよりも**，**むしろ**精神力の問題といえます。

It is a problem with mental strength **rather than** with physical strength.

交渉が暗礁に乗り上げています。**いってみれば**決裂です。

The negotiation has stalled. **In other words**, it has collapsed.

別の言い方をすれば，利潤が上がったということは売り上げが上がったということです。

To put it differently, increased profit means increased sales.

逆の捉え方をする

逆の言い方も成り立ちます。つまり，利益率が高いということは損失率も高いということです。

The other way round is also true. That is, the higher the profitability rate is, the higher the loss ratio is.

成功したというよりも失敗したといったほうが**より適切**かと思います。

I would say that to call it a failure would be **more accurate** than to call it a success.

説明を補足する

言い換えると，もっと多くの実例を集める必要があります。

In other words, we need to collect many more real-world examples.

回復しがたい赤字です。**つまり**，倒産といえます。

They cannot seem to be able to get out of the red. **In other words**, they have basically gone bankrupt.

＊他人（他社）の話をしているなら they，自分たち（自社）の話なら we。

この研究では説得材料が不足，**すなわち**データが不足しています。

This study does not have enough persuasive evidences, **that is**, there aren't enough data.

❻─明確にする　　　　　　　　　　　　　　　　　CD17

論点を明確にする

ここで，いままでの議論を**明確にして**おきたいと思います。

Let me **clarify** what we have been discussing so far.

話題が多方面に広がりましたので論点を**はっきりさせて**おきましょう。

Since we have been talking about many things in many different areas, it is necessary now to **clarify** what the main points are.

ここで，**いままでの主要な論点**を整理してみます。

Now, I would like to organize **the main points that have been discussed so far**.

ここでの**要点**は，新システムが稼動すれば，従来のシステムも応用範囲がさらに拡大する点です。

The point here is that, once the new system starts working, the existing system can have wider applications.

簡潔にいえば，**主要なテーマは次の3つです**。

Simply put, **there are the following three main themes**.

要約する

要するに，アメリカの工業生産力は年に1％ずつ上昇してきています。

In brief, America's industrial productivity has been going up by 1 percent each year.

125

●第 5 章＝論述を制御する

要するに，今後，我々が講じる研究方法は次の３つです。
> **Briefly**, there are three research methods that we are going to take from now on.

要するに，この研究が成果を収められるかどうかの決定的な要素は適切な実験装置を考案できるかどうかです。
> **In fact**, whether or not we can come up with a piece of appropriate experimental equipment is crucial for the success of this research.

要約すると，結論をだすにはまだまだデータが不足しています。
> **To sum up**, we still do not have enough data to reach a conclusion.

要約すれば，このままだと同じ失敗を繰り返すだろうということです。
> **In summary**, you could repeat the same mistake <u>if nothing changed</u>.
> ＊「本当ならそうあるべきではないが，もしこのままであれば」というときには仮定法を用いる。

手短にいうと，この新技術はこの分野の生産力を飛躍的に発展させると思われます。
> **In short**, this new technology can spectacularly improve the production capacity in this field.

課題の全容は次のように要約できます。
> **The whole picture of the problem** can be summarized as follows.

結論を簡潔に述べる

発展途上国の方が，先進国よりも可能性が高い**ということになります**。
> <u>**It follows that**</u> developing countries have more potential than developed countries.
> ＊ It follows that...はすでに論理を展開し，説明した後で「…であるからして…ということになります」というときに使う。

極論すれば，研究チームの名誉にはなっても，会社の利潤にはならないでしょう。
> **In an extreme instance**, it would be the research team's honor but would not make any profit for the company.

それ故，このシステムは広領域をカバーすることに成功しました。
> **As a result**, the system succeeded in covering a wide range of areas.

大企業は損失を覚悟のうえ低価格で販売し，**それ故**に競合相手を市場から締めだす戦略をとることがよくあります。
> Powerful companies often adopt a strategy of offering their products at low prices, knowing that they would be making a loss, **thereby** shutting out their competitors from the market.

> Big players often sell their products at low prices. They are aware that they would suffer a loss, but it is a strategy they adopt in order to shut out their competitors from the market.

> ＊ thereby を使わずに2文に分けた。

それ故に，潜在能力が完全に活用できるとしても，この困難な状況を突破することは容易ではありません。
> **Therefore**, even if the potential capacity is utilized fully, it is not easy to surmount the difficult situation.

したがって，我々の提出した仮説は実験によってその正当性が証明されました。
> **Thus**, out hypothesis was verified by the experiment.

結局，これはエネルギーの効率化について研究していることになります。
> **In the end**, this is a study about energy efficiency.

つまり，これらの実験データから我々の仮説は正しかったことが証明されました。
> **That is to say**, these experimental data proved that our hypothesis was correct.

❼—追加する

導入
どうしても一言，**つけ加えておきたい**ことがあります。
> There is **one thing I need to add** here.

●第5章＝論述を制御する

ほかにも注目すべき研究が進められています。
> There are some **other** noteworthy studies going on at the moment.

最後に**もう1点**，強調したいことがあります。
> Finally, there is **one more issue** that I would like to emphasize.

データを解析していくうちに新たな発見**に加えて**，驚くべき因果関係がわかったのです。
> While we were processing the data, we learned of a surprising causal relationship **in addition to** the new discovery.

たとえば，これに次の予測を追加しても良いかもしれません。
> **For instance**, we may be able to add the next forecast.

説明を追加する

この結果をご理解いただくためには，さらに**説明を加える**必要があります。
> In order for you to understand the result, I need to **add some more explanation**.

この点についてはさらに説明を加える必要があります。
> We need to add some more explanation **to this point**.

さらにこれ以上の説明を加える必要はほとんどないと思います。
> I do not think it is really necessary to add **even more explanation**.

さらに実験結果について説明します。
> Let me talk **further** about the experimental results.

この理論には，**さらに**実証の裏づけがなければなりません。
> In order to support this theory, actual proof **is also necessary**.

この新技術の利点について，**あと一点だけ触れさせてください**。
> **Please let me add one more** advantage this new technology provides.

論点や条件を追加する

重要な論点が**もう1つ**あります。
> There is **one more** important issue here.

ここで付け加えておかなければいけない**条件**があります。

> There is one **condition** that needs to be added here.

さらに重要な点は，商品化すれば，需要が高いということです。
> **What is more important is that**, once this is commercialized, it will be met with high demand.

もっと大切なことはデータによって裏づけることです。
> **What is even more important is** to have it proven by data.

新製品の機能の有効性に**劣らず重要なことは**生産コストの安さです。
> **Just as important as** the effectiveness of the new product's function is its low production cost.

推測とは別に実験も進めております。
> **The speculation put aside**, we are also moving forward with our experiment.

❽ ― 話題を変える

テーマを移す

では，次の研究テーマ**に移りたい**と思います。
> **Let me move on to** the next research theme.

この問題については**ここまでにします**。次の話題に移りましょう。
> Let me finish my talk about this **for now**. I would like to move on to the next topic.

ここで第2のテーマから第3のテーマに報告を**移したい**と思います。
> Here, I would like to **move from** the second issue in my report **to** the third issue.

では，ここで調査の対象を中国からインドに**移して**みます。
> Let me **turn** the object of research **from** China **to** India.

失敗談はここまで**にして**，成功例に焦点をあわせてお話**します**。
> **I have provided you with enough** failure stories, **so let me now** focus on success stories.
> ＊直訳「失敗談は十分お話しましたので，ここで成功例に焦点をあわせて話しま

● 第 5 章＝論述を制御する

｜す」
ここで製作現場の様子をスライドでお見せしたいと思います。
> **Now,** I would like to show you what the scene of production looks like in slides.

本題に戻す

話が**横道にそれています**。本題に戻しましょう。
> I am afraid I **have digressed**, so let me return to the main subject.

ここでもう一度，**先の話題**を取り上げます。
> Now, let me go back to **what I was talking about earlier**.

話は変わりますが，来年度の増額は間違いないと思います。
> **On a different topic**, I think we can be assured of next year's increase.

序論を終えましたので，いよいよ**本題にはいります**。
> The introductory part is over, and **I would like to turn to the main issue**.

余談はここで切り上げて，あらためて論点を**本題につなげます**。
> Let us now **get back to the main subject** of discussion.

＊「余談を切り上げる」を「本論に戻る」と考えれば簡潔な英文になる。

内容を発展させる

次に進みましょう。論点を方法に関することに移します。
> **Let us move on to the next topic**. Now, I would like to talk about methodology.

研究経過については**後ほど**あらためて詳しく説明しますので，**次に**その結果について簡単にお話いたします。
> I am going to talk about the research process in detail **later**. Now, I would like to spare a few minutes to talk about the result.

この著名な理論を**発展させ**，私どもの新システムづくりへとつなげたいと思うのです。
> I **would like to develop** this famous theory so it will help build the new system of ours.

130

これまでは項目ごとに検討してきましたので，これからは総体としてどう捉えるかを考えてみます。
> **So far**, I have been discussing each item differently. **From now on**, I would like to discuss the overall picture as a whole.

さて，ここで私たちの計画を数字とともに具体的に提案したいと思います。
> **Now**, I would like to propose our plan in specific terms, together with some numbers.

ところで，この技術開発についての経営側の反応をお話しておきます。
> **Here**, let me tell you how the management responded to the technological development.

その経済的な効果は**さておき**，政治的な効果について考えてみます。
> Its economic effects **aside**, I would like to discuss its political effects.

このテーマを**もう少し掘り下げ**ましょう。
> Let us **dig a little deeper** into this issue.

概要をお話しましたので研究内容に沿ってお話を**さらに**発展させます。
> I have provided you with an overview. Now, I would like to speak **further** about what I did in my study.

❾―仮定する　　　CD18

理論を仮定する

私の考え方は第1の法則が正しい**ということを仮定しています**。
> My idea **is based on the assumption that** the first principle is correct.

私の**仮説**が正しいとすれば，この問題は解決します。
> If my **hypothesis** is right, this problem can be solved.

私の理論は彼の理論が正しい**という仮定のうえに成立しています**。
> My theory **is based on the assumption that** his theory is correct.

この理論は対象物が密封されている場合に限って**成立します**。
> This theory can **be established** only when the objects are properly

131

●第 5 章＝論述を制御する

| sealed.

データを仮定する

仮に期待する数値が得られた**としても**，さらにそのデータを吟味する必要があります。

| **Even if** we get the expected figures, we still need to scrutinize the data.

予想するデータが得られるならば，研究の見通しは明るくなります。

| If we can obtain **expected data**, we can have a positive lookout for our
| study.

条件を仮定する

もし関東地方に大地震が襲った**としたら**，その危機管理はどうなるでしょうか。

| **Should there be** another major earthquake hitting the Kanto Region,
| what kind of crisis management would we have?
| ＊「万が一，起こったと仮定して」と仮定法で表現。

仮定としてですが，もし酸素がなかったら**としてみましょう**。

| **Let us just imagine that** there is no oxygen.

摩擦はいっさい働いていない**という条件で**，この実験値は計測されています。

| The experimental figures have been obtained **under the condition that**
| there is no friction working.

いかなる損害に対しても私は責任を取らない**という条件で**契約書に署名します。

| **On the condition that** I do not have to take responsibility for any
| damage, I will sign the contract.

結果からすれば，どの条件も**予測し得た**ことばかりです。

| Judging by the results, we **could have predicted** all the conditions.

視点を仮定する

負債も財産**と見なせば**かなりの資産価値になります。

| **If you count** the debt as part of the asset, it can make a fairly high

たとえどんなに精密化が進んだとした**としても**，職人技は残るといえます。

| **However far** the refinement **may** go, craftsmanship will not die out.

あなたが被害者だ**と想像してみてください**。どんな行動をとりますか。

| **Imagine that** you are the victim. What would you do?

結論を仮定する

他国でも類似の結果が得られる**としたら**，これは地球規模の問題といえます。

| **If** other countries are producing similar results, this would be a global problem.

この調査結果**から**，この方法はかなり有効である**と仮定できます**。

| The research result **allows us to assume that** this method is quite effective.

＊直訳「この研究結果は我々にこの方法がかなり有効であると**仮定することを可能にしてくれます**」

現在のシステムでも十分だとすれば，この装置の開発には**先見の明**があったといえなくもありません。

| If the existing system is enough, you can say that the development of this machine was a **sign of foresight**.

もしこの基本理念をご理解いただけるなら具体的な提案をしたいと考えております。

| **If** you agree with this basic philosophy, I would like to propose concrete suggestions.

❿―意見をいう　　　　　　　　　　　　　　　　CD19

導入

私の考えは次のようです。

| Here is **what I think**.

133

●第 5 章＝論述を制御する

賛成する

私は彼の提唱する理論**に賛成**です。
> I **agree with** the theory he has proposed.

次の点を除いて，私は市場に競争原理を積極的に導入すること**に賛成**です。
> I **am for** aggressively introducing the principle of market mechanisms, except for the following points.

＊ be 動詞＋ for X ⟶ X に賛成する／be 動詞＋ against X ⟶ X に反対する

同意する

我々の調査も事故の原因は風圧にあるという報告**を支持しています**。
> Our research **supports** the report which says that the cause of the accident was the wind pressure.

私は山下教授のご意見**にまったく同感**です。
> I **totally agree with** Prof. Yamashita.

その点では，従来の見解は**まったく正しい**と考えられます。
> As long as that issue is concerned, the traditionally held view is considered **perfectly right**.

調査結果に関するかぎり，私は彼の解析**はもっともだと思います**。
> As far as the research results are concerned, **I agree with** his analysis.

その理論の背景にある考え方**に共感を覚えます**。
> I **identify with** the background idea that supports the theory.

私は彼の試みがまったくユニークであること**を認めます**。
> I **acknowledge** that his attempt is really unique.

反対する

私はこの理論がどの場面にも適用され得る**という考えを受け入れられません**。
> I **cannot accept the idea that** this theory can be applied to every situation.

私にはその法則が無条件にあてはまる**とは思えません**。

134

> I **do not think that** the law can be applied unconditionally.

残念ながら，私の研究結果から大貫教授のお考えには反対せざるを得ません。

> **I am afraid that** my research results do <u>not</u> allow me to <u>agree</u> with Prof. Onuki's view.
>
> ＊誰かの説に反対する場合，反対する相手がその場にいるときには，「はっきり反対する」意志を表わす disagree や oppose を使うよりも not agree（賛成しない）を使う配慮をした方が良いことも多い。

いままでの考え方は**怪しい**と考えざるを得ません。

> I need to say that the traditional view looks quite **dubious**.

否定する

追試したところ，私たちは従来の考え方を**否定せ**ざるを得ません。

> We did some follow-up experiments, which have made us **reject** traditionally accepted views.

その見解は**明らかにまちがっている**といえます。

> You can say that such an idea is **obviously wrong**.

なぜそう判断できるのか，私には**理解しかねます**。

> I must say **I do not understand** why it can be interpreted that way.

かならずしもその法則どおりになる**とは限りません**。

> It does **not always** follow the principle.

研究が進んだとはいえ，**まだまだ同意できない余地**がかなり残っております。

> Despite the advanced studies, there are still **many issues where I cannot be in agreement**.

Tips for Translation ❺
論調の強弱に適切な表現を選ぼう

　学術プレゼンの際に，どれだけ強く自分の意見を主張すべきなのか，不安になったことはありませんか。聴衆に信用されるプレゼンとなるかどうかは，自分の論調の強弱にも大きく左右されます。まず自分の意見なのか，他人の意見なのかをはっきりさせること。次に大ボラ吹きにならず，でも，言いたいことはきちんという匙加減。とくにこの2点に気をつけつつ意見をどう述べるべきかに配慮しましょう。

❶—他人の意見を引用する

　ほかの研究者が言ったり，書いたりしたことでも，自分のプレゼンに引用して使いたい意見やデータもありますね。特定の研究者の言葉を借りる場合には，次のような表現が使えます。

I-a ── <u>Joanne Smith wrote</u>, in her 1995 publication, <u>that</u> the greenhouse gas emission could melt one-fifth of the ice sheet by 2010.
　　──▶ジョアン・スミスは1995年に発表された論文で……といいました。

I-b ── <u>According to Joanne Smith</u>, the greenhouse gas emission could melt one-fifth of the ice sheet by 2010. She announced it in 1995.
　　──▶ジョアン・スミスによれば……とのことです。1995年にこのことを発表しました。

I-c ── <u>Joanne Smith's paper</u> published in 1995 <u>claims that</u> the greenhouse gas emission could melt one-fifth of the ice sheet by 2010.
　　──▶ジョアン・スミスの1995年の論文では……と主張しています。

　特定の個人の意見ではないときには，次のような表現が使えます。

J-a ── <u>Japanese experts</u> in this area <u>agree that</u> it was the only option.
　　──▶この分野の日本人専門家は……ということで意見が一致しています。
J-b ── <u>Some parents voice</u> their concern over the expense.

──→……について懸念を表明する親もいます。

J-c ── It is said that girls have better verbal skills than boys while they are young.
　　　　──→……といわれています。

J-d ── It is believed by many today that talking to babies while they are still in their mother's wombs has many advantages.
　　　　──→……と多くの人に信じられています。

❷ ─自分の意見を主張する

　ほかの人の主張はさておき，「これはあくまでも私の意見ですが」と表明したいときもありますね。どの程度まで強く主張したいのか，あるいはできるのか。自分の意見・主張にどれだけの根拠があるのかを確認しながらもっとも適切な表現を選びましょう。

　K-aからK-dまでは，would like toを使うと，より気を使った丁寧な印象を与える表現になります。逆に，強い口調を意識するなら，would like toは使わなければ良いのです。

K-a ── I (would like to) suggest that...──→……といって良いと思います。
K-b ── I (would like to) say that...──→……といいたいと思います。
K-c ── I (would like to) claim that...──→……と主張したいと思います。
K-d ── I (would like to) insist that...──→……と強くいいたいと思います。
K-e ── I feel that...──→……と感じます。
K-f ── I think that...──→……と思います。
K-g ── I believe that...──→……と信じます。
K-h ── As far as I know, ...──→私の知っている限りでは，……。
K-i ── In my opinion, ...──→私の意見では，……。

　これらは「あくまでの私の意見ですが」という主観の表明としてプレゼンの冒頭の問題提起や最後の結論の部分で使う機会が多いでしょう。うまく使えれば，アナタの研究だけでなく，アナタ自身を効果的にプレゼンすることにつながります。

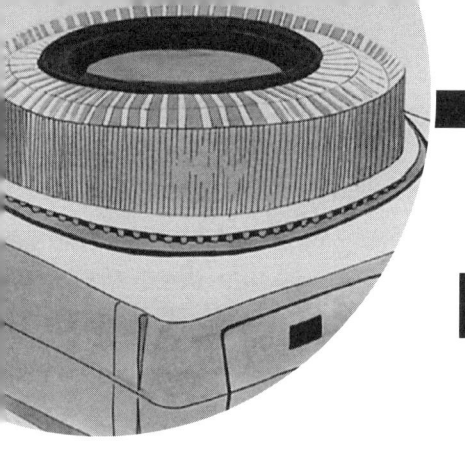

第6章 図表を活用する

——ビジュアルエイドを駆使して効果的に

　図表やグラフ，フローチャートなどのビジュアルエイドをうまく使って効果的に情報を伝えるには，パワーポイントなどのスライドは欠かせません。その際はなるべくゆっくり話し，ポーズをとりつつスライドを進めてください。発表者には見慣れた図や表も，聴衆は初めて目にするもの。情報を理解し，吸収するには時間がかかります。また，ビデオやコンピュータがきちんと作動しないという緊急事態も起こり得ますのでバックアップ用に配布資料も用意しておきましょう。

[解説]

table ——表。文字や数字のデータを縦の「列」（column）と横の「行」（row）でまとめて表わしたもの。エクセルで作成するグラフの基にもなる基本的な「表」はこれ。

graph ——グラフ。通常2つ（あるいはそれ以上）の要素の数量の関係を縦軸と横軸でまとめて表わした図表。
　　例：棒グラフ（bar graph）／折れ線グラフ（line graph）

chart ——チャート。情報やデータをわかりやすく伝えるために図表や写真，絵やグラフで表わしたもの。
　　例：フローチャート（flow chart）／円グラフ（pie chart）

figure ——情報を伝えやすくするために使われる図表のことで，グラフやチャートを比べるときなどに複数をまとめてFigure 1（図1）などと呼ぶことが可能。一般的に表や図に言葉での説明もいろいろ加わると，figureと呼ばれることが多い。

━━━━━━━━━━━━━━━━━━━━━━━━━━━ ボディー⑤・文例編◆

❶—ビジュアルエイドを活用する　　　CD20

導入

パワーポイントを使いながら研究発表をさせていただきます。
　| I would like give this presentation **as I use PowerPoint**.

もし見えにくいようでしたら，見やすい座席へお移りください。
　| **If you have difficulties looking at the screen**, please move to a better position.

画面の見えにくい方，**いらっしゃいますか**。
　| **Is anyone** having problems looking at the screen?

残念ながら，私が収集しました標本のスライドをすべてご紹介する**だけの十分な時間がありません**。
　| I am afraid **there isn't enough time to** show you all the slides of the samples I have collected.

スライドを操作する

最初のスライドをご覧ください。
　| Please look at **the first slide**.

では，ここでスライドを見てください。
　| Please have a look at this slide **now**.

次のスライドにいきます。
　| Let me move on to **the next slide**.

ここで**1つ前**のスライドに戻ってみましょう。
　| Let me move back to the **previous** slide.

　＊Let me...が一人言のようにも聞こえるのに対し，Let us...は聴衆との一体感を大事にしている感じ。両方とも可だが，me が多用されすぎると一人よがりに，us が多用されすぎるとおせっかいな感じに聞こえる。

次の2枚のスライドは**飛ば**します。
　| Let me **skip** the next two slides.

　＊「飛ばす」のは発表者の一存なので，let us は不自然。

●第6章＝図表を活用する

ここでプロジェクターを**消して**話を続けます。

> I would like to **switch off** the projector here and continue with my presentation.

トラブルに対処する

画面をまちがえました。

> Sorry, **that's a wrong image**.

音はこれ以上，大きくできない**ようです**。

> **I am afraid** the volume is already at the maximum and cannot be made any lovder.

＊「〜なようです」と悪い知らせをするときはI am afraidと切りだす。

場面が**うまく映りません**ので映像なしで説明します。

> I wanted to show you some images, but **there seems to be something wrong with the projector**. Please let me explain without them.

コンピュータがとつぜん**故障してしまったようです**。

> Sorry, the computer suddenly seems to be expriencing some kind of trouble.

スライドをお見せ**する予定でしたが**，うまく作動しませんのでお手元の資料を基に話を進めさせていただきます。

> I **intended to** show you some slides. However, the machine seems to have some trouble and it won't work, so I would like you to follow the handouts as I go on.

パワーポイントが**うまく機能しません**ので，申し訳ありませんが，口頭説明だけで進めます。

> I am afraid that the PowerPoint application **is not working as it should**, so please allow me to give my presentation without visual aids.

＊口頭説明だけで──→ビジュアル・エイドなしで

画面に注意を向けさせる

画面の**上部**（下部）に注目してください。

> Please look at the **top** (bottom) of the screen.

画面の**右**(**左**)に注目してください。
| Please look at **the right-hand** (left-hand) **side** of the screen.
画面の**中央**に注目してください。
| Please look at **the center** of the screen.
左上の図にご注目ください。
| Please look at the **top-left** diagram.
さきほどお見せした**スライドに戻って**データを比べてみましょう。
| **Let's go back to the slide** we have seen before so we can compare the
| two sets of data.
字が小さすぎてやや見づらいかもしれませんが，**ご容赦ください**。
| The letters on the screen may be a little too small **and I would like to**
| **apologize for that**.
キーワードと思われる部分には**下線が引いてあります**。
| I **have underlined** what I think are key words.

❷―写真やビデオを使って説明する

導入
この考え方を採用している例の1つとして，**次のビデオ**をお目にかけます。
| I would now like to show you **this video**. This presents one example
| where this idea is adopted.
次に実験装置の**写真**をご覧にいれます。
| Next, I would like to show you **a picture of** the experimental equipment.
では，**スクリーン**をご覧ください。ここでは求職者数と募集者数の関係を年度別に表わしております。
| Please look at the **screen** now. It shows the relation between the
| number of job applicants and the number of jobs offered for each year.
本日はアフリカの難民キャンプで撮った写真を**スライド**にして持って来ておりますので，それをお見せしたいと思います。

● 第 6 章＝図表を活用する

| Today, I have pictures taken at refugee camps in Africa **in slides**, and I would like to show them to you.

次のスライドに本日のお話の概要をまとめてあります。

| I have summarized the main points of my presentation **in the next slide**.

内容を説明する

その**当時の様子**がこの写真でわかります。

| You can see **what it looked like then** in this picture.
| The picture will tell you **what it looked like back then**.
| ＊直訳「この写真は**当時の様子**を伝えてくれます」

この2枚の写真**から**おもしろいことに気がつきませんか。

| Don't you find something interesting **from** these two pictures?

この画面の写真を見ていただくと，より良くおわかりいただけるかと思います。

| **This picture on the screen** will help you better understand the situation.

❸—図表を使って説明する　　　　　　　　　　　　　　CD21

見方を説明する

表を見ていただけますか。**一番上の行**に1月から12月とあり，**一番左の列**に都市名が記載されています。

| Please have a look at the table. You see the twelve months, from January to December, **in the top row**, and city names **in the left column**.

これにより何月の，どの都市の平均気温が何度かわかるようになっています。

| So, you can see the average temperature of a particular month in a particular city **in this table**.

アフリカ地域の人口の記録はこの表の**上から3行目**になります。

| The population records of the African region are **in the third row from**

━━━━━━━━━━━━━━━━━━━━━━━━━━━━━━━ ボディー⑤・文例編◆

> the top in the table.

オセアニア地域の1750年から1950年にかけての人口の推移は，この表の**一番下の行**を見てください。

> As for the change in the population in the Oceanian region between 1750 and 1950, please look at **the bottom row** of the table.

表の一番左の縦の列に6地域の名が，**一番上には**年号がはいっています。

> **In the left-hand side column of the table**, you see the names of the six regions, and **in the top row**, you see the dates.

ですから，**表の中にある**数値はそれぞれの地域の，各年の人口ということになります。

> Therefore, each number **in the table** shows the population size in a particular region in a given year.

これは大陸ごとの人口増加の表ですが，**縦軸**は対数で表わされていて，その単位は100万人です。

> This is a chart representing population evolution in different continents. **The vertical axis** is logarithmic and in millions of people.

この図の**横軸**は時間を表わしますが，その**目盛り**1つが60秒です。

> The **horizontal axis** of this chart represents time, and one horizontal **scale** represents 60 seconds.

表の一番右側にスペックの一番高いモデル，**左側が**一番低いものという順に並んでいます。

> **On the right-hand side of the table** is the model with the highest specifications, and **on the left-hand side** is the lowest.

この表の縦の欄（列）は回数を，横の欄（行）は距離**を表わしています**。

> The column in this chart **shows** the frequency, and the row shows the distance.

この表の列1と列2は金属の場合で，列3と列4は合成樹脂の場合の**数値**を示しています。

> The **figures** in Row 1 and Row 2 in this chart are for metals, and those

●第6章＝図表を活用する

| in Row 3 and Row 4 are for synthetic resin.

画面上，青で表わされている数字が日本のそれぞれの国に対する貿易黒字，赤い数字がその国に対する貿易赤字になります。

| **On the screen**, the numbers in blue represent Japan's trade surplus against the countries, and the numbers in red show Japan's trade deficit against them.

| ＊X色で──→ in X／斜体で──→ in italics／太字で──→ in bold

これまでにあがった項目の中で，我々の実験で対象とすべき課題を**赤でハイライトしてあります**。

| Of all the items we have discussed, the problems our experiment should address **are highlighted in red**.

表の**赤色で示した部分**は危険値を超えている領域です。

| **The red section** in the chart is the area where the figures have gone beyond the safety limit.

| ＊直訳「表の**赤い部分**は数値が安全な限度を超えてしまったところです」(「危険値を超える」は「安全の限度を超える」と発想を転換する)

■内容を説明する

ここには本日，発表したいことの要点をまとめてあります。

| **Here**, you can see the main points of today's presentation.

この表は実験結果の数値です。

| This chart **shows** you the figures representing the results of the experiment.

これは結果を種目別に**5つのカテゴリーに分けた表**です。

| This is **a table containing five different categories** of the results.

このスライドは，世界の第1次エネルギー消費量の過去50年間における増加を**表にまとめたもの**です。

| **This chart in the slide shows** the increase of worldwide primary energy consumption in the last 50 years.

この表に2つの提案の，それぞれの長所と短所を**まとめてみました**。

―――――― ボディ―⑤・文例編 ◆

そのアンケート結果はすべて**表3にまとめられています**。

> **This chart provides a summary** of the pros and cons of each one of the two proposals.

そのアンケート結果はすべて**表3にまとめられています**。

> The results of the <u>questionnaire</u> **are** all **shown in Chart 3**.
> ＊日本語でいう「アンケート」は，英語では questionnaire。

表1は 2009年1月から3月までの入園者数の統計値**です**。

> **Chart 1 represents** the number of visitors from January to March in 2009.

表3はこれまでの実験データから得られた情報を個条書きにして**まとめたものです**。

> **Chart 3 is an overview** of the itemized information that comes from the experimental data.

表1と図1を**あわせ読むと**，この現象には2つの傾向があることがわかります。

> **When you look at both** Chart 1 and Figure 1, you will see that this phenomenon has two trends.

この調査結果を図と表で**表わしてみました**。

> Here, **we a have graphic representation of** the research results in the diagram and the chart.

私の説明を図解したものは**こんな感じになり**ます。

> A graphic representation of my explanation **will be something like this**.

この図から生産量が確実に上昇しているのがわかります。

> **From this chart**, you can clearly see that the production volume is increasing.

この図は日本人の結婚年齢がこの10年間で大きく変化していることを**物語っています**。

> This chart **shows** that the marrying ages for the Japanese have been dramatically changing over the last 10 years.

いままでの話をわかりやすく，次のように**チャート化してみました**。

145

●第6章＝図表を活用する

> I **summarized** what I have talked about and placed the main points **in the chart**.

＊直訳「これまで話したことを**まとめて**要点を次の**表**にしてみました」

❹ — グラフ・円グラフを使って説明する

グラフで説明する

ここにその連続実験の結果を示す**グラフ**があります。

> Here is a **graph** that shows the results of the consecutive experiments.

日本では5億円超の金融財産を所有している人は全所帯数の約0.3パーセントです。**そのことはこのグラフ2が示しています**。

> In Japan, approximately 0.3 percent of all the households own financial assets worth more than 500 million yen. **It is shown in Graph 2**.

＊ X is worth〈いくら〉──→ X には〈いくら〉の価値がある

たとえば，**グラフ5を見れば**，温度に応じて金属の伸縮がどう変化するかがわかります。

> **If you look at Graph 5**, for example, you will see how the expansion and contraction of the metal might change depending on different temperatures.

こうした事実は，いま，ご説明しました表やグラフ**によって明らかである**と思います。

> I think these facts **are made quite obvious** now **by** those charts and graphs I have explained to you.

円グラフで説明する

この**円グラフ**は年齢別の分布を表わしています。

> This **pie chart** shows the distribution by age.

円グラフ41の**産業別の**財政投融資額を見てください。

> Look at pie chart 41 showing the Fiscal Investment and Loan Program (FILP) **by industry**.

その円グラフから，日本政府関連の金融機関からの財政投融資額は石油化

学産業がその44%**を占め**，ついでセメント産業の16%**となっています**。

> The pie chart shows that the loans made by government financial institutions to petrochemicals **account for** 44 % of the entire FILP, followed by those for the cement industry, which **account for** 16 %.
> ＊X%を占める──→ account for X %
> ＊円グラフの説明の際はこの「全体の何パーセント」という表現が一番よく使われる。

この円グラフは，欧米に比べて日本は家計における教育費の**割合**が異常に大きいことを示しています。

> This pie chart shows that, compared to the Western countries, educational expenses account for a strikingly large **portion** of household budgets in Japan.

この円グラフから，政府関連の金融機関からの貸付の**半分近く**が石油化学産業にいっていることがわかります。

> You can see it from this pie chart that **nearly half** the loans made by government financial institutions went to petrochemicals.
> ＊円グラフを使って「およそ半分」「半分以下（以上）」「ほぼ3分の1」など大雑把で視覚的にも捉えられる情報を伝えることも多い。

❺―折れ線グラフの特徴

グラフの特徴
```
A ―最高（ピーク／最高値）  ──→ the peak／the top／the highest point
B ―最低（ボトム／最低値）  ──→ the bottom／the lowest point
①―緩やかな減少（下降）   ──→ gradual（slow）decrease／decline／fall／
                              drop
②―急激な増加（上昇）    ──→ fast（drastic／rapid／abrupt／steep）
                              increase（rise／jump）
③―一定（横ばい）       ──→ level／stable
④―急激な減少（下降）    ──→ fast（drastic／rapid／abrupt／steep）
```

147

●第6章＝図表を活用する

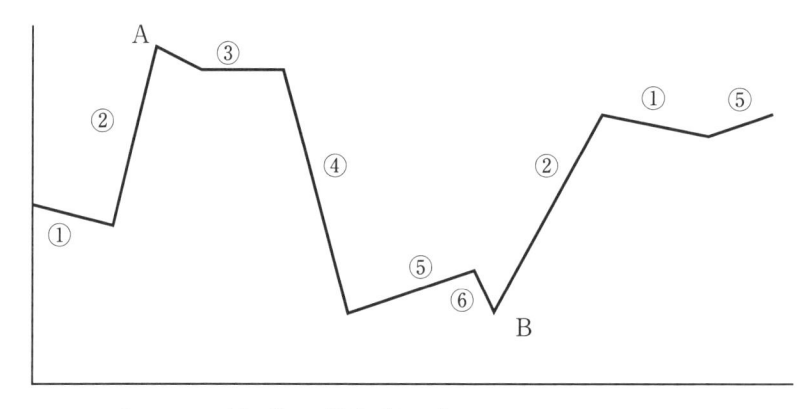

⑤——緩やかな増加（上昇）——→ gradual（slow）increase（rise／jump）
⑥——突然の落ち込み——→ sudden fall／abrupt drop

上下の動き（名詞／動詞）

最高値——→ the peak／the top／the roof／the highest point／the highest mark／the highest
　　＊最高値になる——→ reach the highest point／hit the peak
　　＊〜になる——→ hit／reach
最低値→ the bottom／the lowest point／the lowest mark／the lowest
　　＊最低値になる——→ hit the bottom／reach the lowest point
　　＊〜になる——→ hit／reach
上昇（増加／伸び／成長／上がる）——→ increase／rise／growth／uprise
　　＊上昇する（増加する／伸びる／成長する）——→ increase／rise／grow／go up
下降（減少／衰弱）——→ decrease／decline
　　＊下降する（減少する／衰弱する）——→ decrease／decline／dwindle／go down
一定（安定／横ばい／不変）——→ stabilization／leveling off
　　＊一定する（安定する／横ばいになる／変わらない）——→ level off, become stable／remain the same／remain unchanged

━━━━━━━━━━━━━━━━━━━━━━━━━━━ ボディー⑤・文例編◆

(数値の上下の表現に関しては，Tips for Translasion ⑥も参照)

変化の程度（形容詞／副詞）

一定の（一定に）　⟶　stable／fixed／constant／uniform／consistent（constantly, consistently）

　　＊「一定に保つ」は「一定の状態に保つ」ということで，形容詞の constant, consistent を使う。日本語の表現に惑わされないこと。

安定的な（安定的に）　⟶　stable／consistent（consistently）

徐々の（徐々に）　⟶　gradual／slow（gradually／slowly）

わずかの（わずかに）　⟶　a little（a little）

ゆっくりした（ゆっくり）　⟶　slow（slowly）

急な（急に）／一気な（一気に）／にわかな（にわかに）／突然の（突然に）
　　⟶　sudden／abrupt（suddenly／abruptly）

激しい（激しく）　⟶　drastic／dramatic（drastically, dramatically）

不意の（不意に）　⟶　abrupt／unexpected（abruptly, unexpectedly）

❻—折れ線グラフを使って説明する

導入

A 点から B 点までの**変化**を見てみましょう

　| Let's see **the changes from** A **to** B.

10 分から 25 分**の間に起こった変化**に着目してみます。

　| I would like to focus on **the changes between** the 10th **and** 25th minutes.

このグラフは最近の**為替相場の変化**です。

　| This chart shows recent **changes in foreign exchange rates**.

この折れ線グラフは我々の**予測**です。

　| This line graph represents our **forecast**.

増加（上昇）する

ここで**急激に増加**します。

　| Then **it shows a sudden rise**.

　| Then **you see a sudden increase** here.

149

● 第 6 章＝図表を活用する

＊不特定多数の「人」を主語にすることも可能。

わずかな上昇が見られます。

You can see **a little increase**.

There is **a small rise**.

著しい上昇に注目してください。

Please pay attention to the **significant rise**.

次第に上昇する傾向にあります。

It tends to **increase gradually**.

＊主語が複数（they）である可能性も。

景気が**少しずつ回復していきます**。

Economy **gradually picks up**.

There is a slow but steady recovery of economy.

最高値に**向かっていきます**。

It is moving towards the peak.

この間に急激な伸びが 2 回おこります。

During this period of time, there are two upsurges.

＊upsurge（急激な上昇）のように，一語で「形容詞＋名詞」の意味あいをもつ単語もある。

日本のエネルギー消費は**緩やかな伸び**を見せています。

Japan's energy consumption has been showing **a gradual increase.**

＊「伸び」という名詞を使うなら an increase, a rise, a growth，「伸びる」という動詞なら increase, rise, grow。そのときは「穏やかな」「急激な」といった表現は「穏やかに」「急激に」という副詞に。

例：Japan's energy consumption has been gradually increasing.

このまま**右肩上がりの傾向が続く**と予想されます。

We expect it will **keep soaring**.

＊直訳「上昇し続けると予想しています」

全体的に**上向き傾向**にあります。

In general, there is **an upward** trend.

 | ＊下向きの──→ **downward**
この様子が続けば，2150 年には世界人口は 97 億 4600 万人**に増える**と思われます。
 | At this rate, we think the world population in 2150 will **rise to** 9,746
 | million.
年ごとの変動はあるものの，**全体として上昇傾向にある**といえます。
 | Although there are some differences from year to year, it seems to **be**
 | **on the rise on the whole**.
中国の外貨準備高は 2001 年から**大きく伸びを見せ始めました**。
 | China's foreign reserve **started to grow significantly** in 2001.
その量が**急激に増加して**いっているのは，この表からも明らかです。
 | This chart plainly shows you that the amount has been **skyrocketing**.
  | ＊急激な増加（上昇）──→ skyrocket（動詞）も可
この表からもアジア地域における開発途上国のエネルギー消費量の伸びは**がいかに著しいか**ということがわかります。
 | This chart tells you **how remarkable** the energy consumption growth
 | is in developing countries in the Asian region.

減少（下降）する

ゆっくりと減少していきます。
 | It **decreases slowly**.
徐々に減少しながら安定に向かいます。
 | **It keeps falling gradually**, and then levels off.
ここで**急激に落ち込み**が起きます。
 | You see **a sudden drop** here.
 | It **goes down suddenly** at this point.
最低値になったのはここです。
 | This is where it hit **the bottom**.
この年は 11 月後半になって**急激に**気温が**下がり**ました。
 | The graph shows **a sudden drop** in the temperature in the second half

151

●第6章＝図表を活用する

of November of this year.

＊「下降」(drop) と名詞で表現した場合。

The graph shows that the temperature **suddenly dropped** in the second half of November this year.

＊「下降した」と動詞で表現した場合。

世界的に見て人口増加率はピーク時の1963年の2.19パーセントから**着実に下がってきています**。

Globally, the world population growth rate has been **steadily decreasing** from its peak of 2.19% in 1963.

多くの経済学者たちがこの時点で景気は**底をついた**といっています。

Many economists say that the economy **hit the bottom** at this point.

山梨工場での生産性は2003年に一時期**水準以下に落ち込み**ましたが，翌年すぐに**持ち直している**ことがわかります。

You can see that, although the productivity at Yamanashi Plant **fell below average** in 2003, it **picked up** in the following year.

ここ2年の数字は90年代後半と**同じ水準にまで落ち込んでいます**。

The figures we see in the last two years **dip to the level last seen in** the late 1990s.

過去10年で初めて失業率が8パーセント**と1桁台に下がりました**。

For the first time in the last decade, the unemployment rate **fell to single digits at** 8 percent.

一定（横ばい／安定）する

ここでは比較的に一定しています。

It is quite **stable** here.

この間は**横ばいの状態にあります**。

It **remains unchanged** during this time.

It **stays the same** during this time.

このグラフからもわかるように，中国の外貨準備高は90年代後半から2000年までは**ほぼ横ばいでした**。

As this graph shows, China's foreign reserves **remained almost the same** in the second half of the 1990s, up to 2000.

＊「横ばい」 ⟶ remain（stay）almost the same／remain（stay）flat／level off

日本の女性医師で喫煙をする人の数は約5パーセントで，ほぼ**横ばい**状態です。

The number of Japanese female doctors who smoke has **leveled off at** about five percent.

研究費は昨年度と比べ，ほぼ**横ばい**の50万円になる見込みです。

The research budget is expected to **remain almost at the same level** as the previous fiscal year at 500 thousand yen.

たまに上下はあっても，出生率はほぼ**安定しています**。

Apart from occasional ups and downs, the birthrate generally **remains stable**.

周期や変化の程度

ピーク時は2度，5月と11月にあるということがおわかりいただけるかと思います。

I think you can see that **there are two peaks**, one in May and the other in November.

グラフ22から**周期的な**気候変動ということで状況を説明できたのは100年前までといえるかと思います。

Graph 22 tells us that **cyclical** climate change would have explained the climatic situation up to 100 years ago.

このグラフから，どうも**7年ごとの周期**があるように思われます。

This graph seems to indicate that there are **7-year cycles**.

このグラフには株価の**乱高下**の様子が**はっきり表われています**。

The **erratic fluctuations** in stock prices **are clearly represented** in this graph.

グラフの中に赤い線が引いてありますが，**それが限界値**です。

You see a line in red in the graph. **It represents the threshold**.

●第6章＝図表を活用する

今年の夏の気温は**平年を上回る**ものでしたが，冬は逆に**平年を下回る**ことが予想されています。

> The temperatures in summer **were above the average** this year. On the other hand, the temperatures in winter are expected to **be below the average**.

❼―図中の位置を説明する

いろいろな位置関係
- ①―上段 ―→ top
- ②―中段 ―→ middle
- ③―下段 ―→ bottom
- ④―左側 ―→ left
- ⑤―中央 ―→ center／middle
- ⑥―右側 ―→ right
- ⑦―上段の左 ―→ top left
- ⑧―上段の中 ―→ middle in the top row／top center
- ⑨―上段の右 ―→ top right
- ⑩―中段の左 ―→ left in the middle row／middle left
- ⑪―中段の中 ―→ center／mid central／right in the middle（ど真ん中）
- ⑫―中段の右 ―→ right in the middle row／middle right
- ⑬―下段の左 ―→ bottom left
- ⑭―下段の中 ―→ middle in the bottom row／bottom center
- ⑮―下段の右 ―→ bottom right

上中下の関係

上段の右の写真をご覧ください。

> Please look at the **top-right** picture.

いま，お話した新社屋は**中段の左**の写真がそうです。

> The new company building I've just mentioned is in the **middle-left** picture.

下段の中央が注目されている予想図です。
> At the **bottom center**, you see the blueprint that has become a focus of attention.

上段の3つのグラフは昨年の調査結果で，下段の3つは今年のものです。
> The three graphs **in the top** represent the results of last year's survey, and the bottom three represent those of this year's.

中段の中央の図にご注目ください。
> Please look at the figure **in the center of the middle row**.

上のグラフはA氏の休息時の脈拍，下が歩行中の脈拍です。
> **The top graph** represents Mr. A's resting pulse, while **the bottom one** represents his walking pulse.

各国の出生率をまとめた表ですが，**上の方から出生率の高い順**になっています。
> This table represents birthrates of different countries. It is arranged **from** the country with **the highest** birthrate to the country with **the lowest** birthrate, **with the highest at the top**.

＊直訳「この表は各国の出生率をまとめています。出生率の高い国から低い国へ，高い国が一番上になって並べられています」

図の右上の方に向かって分布密度が高いのがおわかりいただけるかと思います。

155

●第6章＝図表を活用する

> You can see the high distribution density **toward the top right in the chart**.

この表の，アジア全体のエネルギー消費量**の下に**インドのそれが載っています。

> You can see India's energy consumption **below** the energy consumption of the entire Asian region.

上から下に A, B, C です。

> **From top to bottom**, they are A, B and C, respectively.

左右の関係

左の略図は実験前，中央は実験中，右は実験後のスケッチです。

> The rough sketches show how things were before, during, and after the experiment, **from left to right, respectively**.
>
> ＊直訳「略図は**それぞれ左から**実験前・実験中・実験後を表わしています」
>
> ＊ respectively ─→それぞれ（に）

この表は左から右へ向かって**時間の経過による変化**を示したものです。

> This chart shows **changes with time** from left to right.

左側が日本政府の，**右側**が米国政府の案です。

> **On the left** is the proposal by the Japanese government, and **on the right** is the proposal by the US government.

このフローチャートでは，原材料から製品までの流れを**左から右へ**表わしています。

> In this flow chart, you can see the flow of production, from the raw materials to the final product itself, **from left to right**.

この写真の**左下**に爆発の瞬間が写っています。

> You can see the moment of the explosion **in the bottom-left corner** of the picture.

両方の端で分布度が高くなっています。

> You see high distributions **on both sides of the curve**.

表の右側へ行くにしたがって，より激しい数値の上昇を見せています。

> The figures start to show sharper increase **towards the right-hand side of the chart**.

我々の研究結果とソウル大学のそれとを**横に並べて**比較してみましょう。
> Let me <u>put</u> our research results and the results obtained by Seoul University **side by side** so we can compare them.

＊2つのものを横に並べておくときは put them next to each other もある。

左から右に①②③と番号をつけます。
> Let me number them **one, two and three, from left to right**.

前後の関係

この写真の前列［後列］の一番右［左］が最新の実験器具です。
> The one at **the very right**（left）in the front（back）row is the latest equipment.

この図の**前**［後］から3列目，**左**［右］から5番目の図が完成予想図です。
> The picture in **the third row from the front**（back）and **the fifth from the left**（right）represents the rendering.

内外の関係

予想どおり分布図の**中央**でカーブが一番高くなっています。
> As expected, **the middle** of the curve is the highest.

真ん中から**外に向かって** a，b，c と呼ぶことにします。
> Let me call the one in the center 'a', and **towards outside** of the diagram, 'b' and 'c', respectively.

この1つのミスが直接的・間接的に与える影響を**放射線状**に表わしてみました。**中心**がそのミスで，それに近ければ近いほどより直接的な影響を与えられていることになります。
> I have placed the direct and indirect consequences of this single mistake **in a radial array**. The mistake itself is **in the center** of the chart. As for the consequences, the closer they are to the center, the more directly they are affected by the mistake.

Tips for Translation ❻

品詞を変えて単調さに変化をつけよう

　量や数が「増える」(increase)「減る」(decrease) といった表現は，学術プレゼンでは文系・理系の両方で多用されます。この2つの動詞ばかりを繰り返すと，使える文の構造が限られてきます。もっと自由に英文を書くためには「増える」「減る」の英語での表現を増やしましょう。

❶―名詞や形容詞に変えて自由に書こう

　表現を増やす，その第一歩が increase や decrease を名詞として使う方法です。

　ここで，注意すべきことの1つ目が発音です。動詞の場合は音をのばす音節（インクリース／ディクリース）にアクセントをおきますが，名詞として使うときは第1音節（インクリース／ディクリース）にアクセントをおきます。

　その2つ目は動詞の「増える」「減る」を修飾していた副詞（例：significantly = 大幅に／suddenly = 急に／gradually = 徐々に）を形容詞（例：significant = 大幅な／sudden = 急な／gradual ゆるやかな）に変えることです。

L-a ── The number of Japanese ibises in the wild significantly <u>decreased</u>.
L-b ── <u>There was a</u> significant <u>decrease</u> of the number of Japanese ibises in the wild.
L-c ── People who have allergic reactions to cedar pollen <u>are increasing</u>.
L-d ── <u>We see an increase</u> of people who have allergic reactions to cedar pollen.

　ほかに「増える」［減る］を表わすのに「上昇する」「下降する」を使う表現をいくつか紹介します。
［増える］
M-a ── The value of gold <u>skyrocketed</u> when the news broke out.
M-b ── The death toll <u>rose</u> to 4,000.
M-c ── The number of foreign workers <u>is on the rise</u>.
M-d ── Japan's population is no longer <u>growing</u>.

M-e —— The average income per capita will go up.
[減る]
N-a —— The Nikkei average plunged despite good corporate performances.
N-b —— The Nikkei average showed a nose-dive.
N-c —— The number of people engaged in farming dropped.
N-d —— Our total energy consumption has to go down in order to protect the environment.

　細かな解説は省きますが，同じ増減でも数と量では表現も多少ちがいますし，「急激に上昇する」「徐々に増える」とか「急激に下がる」「少しずつ減っていく」など変化のニュアンスにも微妙な違いがありますので聴衆に適切なイメージを伝えられるようにしましょう。

❷——主語によって使える言葉と使えない言葉

　さて，「減る」というとdecreaseと同じくらいに，みなさんがなじみ深い言葉はdeclineでしょうか。でも，じつは使い方には違いがあります。

　declineは「数」(number)あるいは「率」(rate)が減っているときにしか使えないのに対し，decreaseは「人」や「もの」にも使えます。つまり，Children in Japan are decreasing. とはいえても，Children in Japan are declining. とはいえないということです。

　同じように，The birth rate in Japan is declining.（日本の出生率は下がっている）とはいえても，Newborn babies in Japan are declining.（日本の新生児は減っている）とはいえません。Newborn babies in Japan are decreasing. といいます。

　じつは，同様のことが「増える」のincreaseと，そのほかの動詞にもあてはまります。increaseは主語に「人」や「もの」をとることができますが（例文L-c参照），rise, go up, growなどは「数」「率」が増えているという使い方しかしません。

＊　　　　　＊　　　　　＊

　「増える」も「減る」も，分野を問わず，学術プレゼンでは頻繁に使われる概念です。ぜひ，英語でもさまざまな表現を使えるようになると，文章が多彩になり，英文を作るのが楽（らく）に，そして，楽しくなりますよ（第6章を参照）。

第7章
心情を吐露する

——興味や関心や挫折を聴衆と共有する

「なぜ，この研究者はこのトピックでの研究を始めたのだろうか」ということには研究者同士でも興味をもっているものです。どういうきっかけであなたが自分の研究トピックに取りかかることになったのかに関しては，ぜひ話をしてください。紆余曲折や失敗や挫折の経験も，聴衆と共有することによってプレゼンの後での話が弾むきっかけになったりするもの。失敗から学べることも少なくありません。実り多い失敗談も，ぜひ披露を。

❶——研究の動機を話す　　　　　　　　　　　　　CD22

私的な関心から出発

なぜ，この研究をスタートさせたのか，その動機をお話してみたいと思います。

> I would like to talk about **why I started this research**.
>
> ＊「動機」といえば，すぐ motivation とか reason といった英語が浮かぶが，そのような単語を使わずに自然な訳ができる。

考えてみれば，このテーマは私が小学生の頃から抱いていた**謎**ということがいえるかと思います。

> Thinking back, I would say this is a **question** that has puzzled me since I was in elementary school.
>
> ＊直訳「思い返してみると，これは私が小学校にいたときから私を『不思議だなあ』と思わせてきた**謎**です」

国家予算を論じても，家計を論じられない経済学というのが**不思議でした**。

> I **was wondering** how economics was incapable of dealing with the family budget while it would deal with the national budget.
>
> ＊直訳「経済学というものが国家予算を論じることができても，家計を論じることができないということについては**不思議に思っていました**」

東南アジアを旅行したときに感じた貧富の差の大きさが，**私がこの調査を思い立ったきっかけでした**。

> The disparity in wealth that I felt when I was traveling in Southeast Asia **inspired** me to start this study.
>
> ＊ inspire ──→ （〜しようと）思わせる

未研究への挑戦

この問題は世界各国のすぐれた研究者の間で常に話題になりながら，解決の**糸口**が見つからないという難問でした。

> This was such a difficult problem which got all the leading scholars to talk about. No one had a **clue** how to solve it.

この5つの疑問と関心は私が本研究に**とりかかる動機**でした。

> These five questions and interests **got** me **started** with this study.

そのテーマに関してはほとんど研究がなされていませんでしたので，まず問題点を整理してみたい**という欲求が生まれました**。

> There were few studies on this theme, and **I thought, why don't I** clarify what the problems were?
>
> ＊直訳「その問題に関する先行研究はほとんどなかったので，私は『じゃあ，私が問題点を整理**してみれば良いのではないか**』と思いました」

IT技術が社会に与える影響を社会思想の面から**明らかにして**みたいと考えました。

> I wanted to **clarify** the effect of IT technology on society from the perspective of social thought.

研究の潮流への参加

二酸化炭素と地球の温暖化との密接な関係に関心を寄せる研究者が増えておりますが，私もその問題に興味のある一人です。

161

●第 7 章＝心情を吐露する

> An increasing number of researchers are interested in the relationship between CO_2 emissions and global warming, and **I, too, am interested in the issue**.

体系化への試み

いままでの個別研究の集大成としていよいよ**体系化**を試みたいと思い始めました。

> I started to think of **systematizing** the individual studies in a comprehensive piece of work.

❷―研究中の戸惑いを話す

方向が見えない

研究の方向が見つからず，悩みぬいたことが再三ありました。

> There were many times when I was distressed because I **couldn't see which way my research was going**.

説明ができない

この複雑な現象については**説明のしようがありませんでした**。

> **There was no way to explain** this complicated phenomenon.

なぜ，このような現象が起こるのか，それを**追究すればするほど**，説明が**よりむずかしくなっていきました**。

> **The more I tried to understand** why such a phenomenon should happen, **the more it became difficult** to explain the mechanism.

不測の事態が発生した

予期していたのとはまったく違うデータばかりが集まり，どう解析したら良いのか不安にかられたことが何回もありました。

> There were many occasions where I was not sure how to analyze the data at all because they were all **totally different from what had been expected**.

＊「〜なとき／ことがあった」は time(s) を使えば when, occasion(s) を使えば where の関係詞で続ける。

予期しない事態が突然発生しました。
> An **unexpected situation suddenly** arose.

まったく予期していなかった事実に直面して，私たちは非常に困惑しました。
> We were faced with a totally **unforeseeable fact**, which confused us all.

実験中に故障が起き，**最初からやり直しを**せざるを得ませんでした。
> During an experiment, there was an accident and I had to **start from the beginning all over again**.

先行研究がない

この問題に取り組み始めました頃は，**先行研究**が見あたらず，まったくの暗中模索状態でした。
> When I started working on this problem, I could not find any **preceding research** and I was trying to find my way in the dark.

未知の分野のためにデータも仮説もまったくありませんでしたので，まず実態調査から研究を始めました。
> It was a **totally unknown area of research** and there was no data or hypothesis to start with, so I started with the fieldwork.

予想の有無

この現象は研究を始めた当初から**何となく気づいていた**疑問でした。
> This phenomenon was the question that I **was vaguely aware of** from the start.

この件に関して，不覚にも私どもはまったく知りませんでした。
> **As for this**, I am afraid none of us knew about it.

❸ ―研究の方向を転換する

方向を転換する

我々は途中から研究の**方向を転換する**ことにしました。
> We decided to **take a different approach** midway through our research.

163

●第7章=心情を吐露する

最初は地球温暖化の原因を研究していましたが，**いまは**対策が中心です。

> **First**, we were studying the cause of global warming. **Now**, countermeasures to global warming are at the centre of our research.
> ＊過去の関心事については過去形で（we were studying...），現在の関心事については現在形で（countermeasures are...）と時制を使い分けることで関心事が変わったことを表現。

研究の**前半は**経済に着目しておりましたが，**後半は**政治に焦点を移すようになりました。

> **In the first half** of the research, I focused on the economy, but **in the second half**, the focus shifted to politics.

視点を拡張する

我々は研究の進展に伴い，テーマを少しずつ**広げていきました**。

> As the research progressed, we **broadened** the topic area little by little.

事態の分析を当初は3つの観点から分析しておりましたが，**その後**，5つの観点に**変更しました**。

> In the beginning, we were analyzing the situation from three different perspectives. **Later**, we **changed** that to five different perspectives.

研究を再構築する

私たちは仮説を注意ぶかく**再考**してみる必要に迫られました。

> We were forced to **reevaluate** the hypothesis carefully.

研究を始めて2年くらいした頃，私の理論に不整合があることに気づき，データの再検討をし，仮説の**再構築を試みました**。

> About two years after I started my work, I found that my theory was inconsistent. So, I checked the data again and **reconstructed** the hypothesis.

失敗に失敗を重ねる中で，この研究の実験方法だけでなく，この研究の方向についても**考え直す**必要に迫られました。

> After repeated failures, it was back to square one. I was forced to **look at** not only the research method but also the direction of this research.

━━━━━━━━━━━━━━━━━━━━━━ ボディ─⑥・文例編◆

| ＊ it was back to square one ──→振りだしに戻った

研究が行き詰まってしまい，私はもう一度，基礎データの取り直しを一からやり直し始めました。

| I was <u>not going anywhere</u> with the study, so **I went back to** collecting the basic data **from scratch**.
| ＊ not going anywhere（どこにも行かない）というのは，つまり，行き詰まった状態を指す。

その結果，私は**まったく新しい観点から**このテーマに接近しました。

| As a result, I approached this topic **from a totally new viewpoint**.

❹─失敗や挫折に触れる

失敗の体験

失敗につぐ失敗を繰り返す中で，その原因の追究がテーマになっていきました。

| Many repeated **trials and errors** made me look at the cause of the failures as the main theme.
| ＊ trials and errors ──→試行錯誤

実験が失敗し，この研究を**諦めようとしていた**とき，ある考えが閃きました。

| When the experiment ended unsuccessfully and **I was going to give up** this study, I hit upon an idea.

1回目の実験は精度において**明らかな失敗**でした。

| The first experiment was an **obvious failure** in terms of its accuracy.

苦労の連続

何度も試作品を作っては挑戦してみましたが，**いつも跳ね返され続けました**。

| We made so many trial models, but **none of them was successful**.
| ＊「跳ね返され続けた」は「一度も成功しなかった」ということ。自分が英語に訳しやすい日本語を考えることが大事。

165

●第7章＝心情を吐露する

残念ながら，実験の困難さは私たちが**予想していたよりもはるかに厳しい**ものでした。

> Unfortunately, the experiment **proved far more difficult than we had expected**.
>
> ＊「主語＋prove X」は「（主語）はXだということが結果としてわかる」

頑強な岩盤を掘り抜く機械の製作が進まず，**たいへん苦労しました**。

> We **really struggled** with producing a machine that could drill through a hard rock.

挫折の日々

収集したすべてのデータを紛失したとき，**途方に暮れてしまいました**。

> **I didn't know what to do** when I lost all the data I had collected.

私たちの研究は**暗礁に乗り上げてしまい**，じつは3年間ほど研究を中止していた時期があります。

> Once, our study **reached a deadlock**, and we did not touch it for about three years.
>
> ＊直訳「一度，我々の研究は**暗礁に乗り上げました**。そして我々は3年ほどこの研究に関与しませんでした」
>
> There was a time when we were away from this study for about three years because it **was going nowhere**.
>
> ＊直訳「**どの方向にも進めない状態になり**，我々はこの研究から3年ほど離れていた時期がありました」

この疑問を解く糸口がなかなか見つからず，**解決するまでに数年を要しました**。

> I couldn't find a key to this problem, and **it took me several years before I could solve it**.

❺―研究の経緯を語る

研究の内容について

ここで研究の**背景**に少し触れておきたいと思います。

Now, I would like to touch upon the **background** of the research.

これまでに得たいくつかの**所見**につきましてはすでに他の研究論文にまとめ，公表してあります。

Some of the **findings** that have been obtained so far are already published in other research papers.

結論が導きだせたとき，これで完成したと思いましたが，2年ほどして隣接分野から予期しない反証が**提出されました**。

When I reached the conclusion, I thought it was all finished. However, about two years later, an unexpected counter-evidence **was presented** from an adjacent field.

我々は，ここ数年間，この奇妙な現象を**解明し**ようとさまざまな視点から取り組んでまいりました。

We have been trying to **uncover the secret** to this mysterious phenomenon from various perspectives.

この問題は**すでに解決された**かに見えますが，まだまだ困難な課題が数多く残されております。

It appears that this problem **is already solved**. However, there are many more difficult problems left.

研究の体制について

ここで研究の内容とともに**研究の組織**についても報告しておきます。

Now, I would like to say a few things about both the research content and the **research organization**.

共同研究者であるマサチューセッツ工科大学のスタッフとも密接な情報交換を行ない，効果的に研究を発展させることができました。

We closely exchanged information with the MIT staff members, who acted as our **collaborators**. This helped to effectively develop the research.

次々に起こる問題点が複雑なために，この研究には**隣接する分野**の研究者たちの協力が必要でした。

● 第 7 章＝心情を吐露する

The <u>complexity</u> of the series of problems necessitated the cooperation among researchers working in **related fields**.
＊直訳「一連の問題の複雑さが，**関連分野**の研究者間の協力を必要としました」
＊「複雑さ」のような無生物の主語をおくことでスッキリした英文ができることも多い。

❻―研究から得た教訓を語る

研究の姿勢について

研究に必要なのはチームワークだ**とつくづく教えられました**。

It <u>convinced</u> me that what is essential in research is teamwork.

＊ convince ──▶ 説得する

失敗の中にこそ，じつは重要なヒントがある**ということを学びました**。

I learned that it is failures that provide the keys to the answers.

＊直訳「成功こそが解決のヒントをくれるのだ**と学びました**」

継続こそが研究の鍵であるという場合がよくあります。根気が大事です。

Never giving up is often the key to successful research. Perseverance is important.

データ紛失の危険はいつもあります。**まめにバックアップをとっておきま**しょう。

There is always a danger of losing your data. Make sure that you **make a backup copy as often as possible**.

研究の方法について

まず先行研究について**十分に検討しておくこと**が研究を能率的・効果的に進めるコツではないでしょうか。

I would say that **thoroughly studying** the existing literature first is the key to effective and efficient progress of <u>your</u> research.

＊ここでの your は不特定多数の人をさす。

定説とはまったく反対の**仮説を立ててみる**のも研究の方法かと思います。

I think that **proposing a hypothesis** that is contrary to accepted theories is another approach you could take in your research.

＊ここでの you／your は不特定多数の人をさす。one／one's も可。

同じデータでも，処理の仕方で**ずいぶん違った結果が得られる**ということを何回も経験しました。

I have experienced it many times that even when you are dealing with the same set of data, **you get quite different results** depending on how you are processing the data.

＊ここでの you は不特定多数の人をさす。one も可。

ある機械の**理想的な条件の下で**得られた実験結果は，現実の性能をかならずしも保証しないことに注意しなければなりません。

You can get good experimental results from a machine when it is used **under an ideal condition**. However, you must be careful that it does not necessarily guarantee its performance in real use.

＊直訳「ある機械が**理想的な条件下で**使用されたとき，良い実験結果がでることがあります。しかし，そのことがその機械の実際の使用時での性能をかならずしも保証しないことに注意しなくてはなりません」

同じ事実でも**立場によって**解釈が異なり，違う結論が導きだされることがよくあります。

The same fact can be interpreted differently from **different standpoints**, often leading to different conclusions.

＊直訳「1つの同じ事実が，**異なった立場**から異なった解釈をされ，その結果しばしば異なった結論に達することがあります」

データを処理する場合，目的によって誤差をどの範囲にとるかが**決定的に大事**です。

When analyzing data, **it is crucial** to define the margin of error depending on the purpose.

169

Tips for Translation ❼
間違えやすい英訳に注意しよう

　日本語の感覚のまま直訳すると，意味や内容が不十分だったり，的確さに欠けたり，また誤解を生んでしまったりしてしまう，間違えやすい英訳があります。

❶―間違えやすい discuss と explain の使い方

　プレゼンでよく使う表現の中で，多くの人が間違えるのが discuss と explain です。まず，この 2 つの動詞の使い方を確認しましょう。

　「X について論じる／話をする」というときに，多くのネイティブスピーカーでない人は discuss about X という表現を使います。しかし，discuss は他動詞ですから「について」の部分に about はいりません。「温室効果ガスのおよぼす危険についてお話したい」というときは，次の O-a が正解で，O-b は間違いです。

O-a ── I would like to discuss the threat of greenhouse gas emission
O-b ── I would like to discuss about the threat of greenhouse gas emission.

　では，「〜のことを説明する」というときの explain はどうでしょう。explain は自動詞としても他動詞としても使われますが，他動詞として使われることが多く，他動詞・自動詞ともに使われ方によって意味あいが変わってきます。

P-a ── He explained Einstein's theory in detail.
P-b ── He explained about Einstein's theory in detail.

　P-a は「アインシュタインの理論（内容）について細かく説明した」といった意味あいになり，P-b は「アインシュタインとはそもそも誰なのか。いつ，どんな時代背景の中でその理論がでてきたのか。それはどのような影響を与えてきたのか」となります。他動詞として使った P-a はアインシュタインの理論そのものに限定されているのに対し，自動詞として about と一緒に使った P-a はアインシュタインの理論をもっと大きな枠組みの中において話をしています。

この違いを頭に入れながらでは，次の一対の文は意味あいがどう違うかを考えてみてください。

P-c ── The minister explained the newly introduced health insurance program.
P-d ── The minister explained about the newly introduced health insurance program.

　P-cはたんに「内容について」，P-dは「意義や影響なども含めて」説明したという意味あいになります。とくに説明する対象がすでに限定されている場合には他動詞としてのexplainを使い，aboutはつけない方が自然です。

❷ ──「外国」のいろいろな表現

　では，「外国人従業員が増えていることについて話します」はどう訳しますか。
Q ── I would like to talk about the rising number of foreign workers.

　この例文には問題があります。「外国」とか「外国人」とかいっても，自分の国からみての外国ですから「日本で」とか「アメリカで」とかと，まず中心になる国をはっきりさせないと，「外国人」が誰なのかがわかりません。
　また，「日本に短期滞在している外国人同士が話すときは，英語を使うことが多い」ということを言いたいとして次の訳文を作ったとします。

R-a ── When foreigners living temporarily in Japan communicate, they tend to speak in English.

　何か引っかかりませんか。中国系の人たち同士なら中国語で話をするでしょう。「いろいろな外国人」をさすのにforeignerでは十分とはいえません。そこで，よく使われるのが「異なる国々から来た人たち」です。

R-b ── When people from different countries communicate in Japan, ….

　また，foreignには「異質の」「親しみのない」という，どこか排他的な響きもあり，個人同士の対話の中ではあまり好まれません。「外国人」といいたいとき，people from other countries（他の国の人たち）と表現すれば好感をもたれます。

＊　　　　　　＊　　　　　　＊

　提案や主張が正確に伝わるように，日本語の感覚に引きずられることなく，英語の感覚や文法にも慣れ，心して英訳しましょう。

第8章
結論を述べる

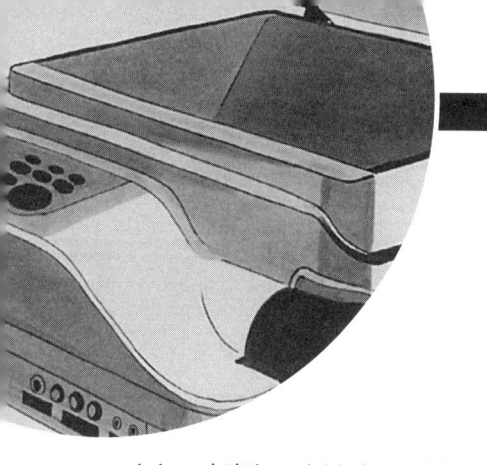

――提案や主張の要旨と定着をはかる

　さあ，大事なことはすべて話し終えました。ここで「以上です」で終わらせるのでなく，自分の話の要点をまとめてもう一度，聴衆に伝える時間をかならずとっておいてください。聴衆はどうしてもアレコレを忘れてしまうもの。要点を確認し，最後に印象づけることで，「あっ，この人の研究はこういうものだったんだね」と覚えてもらえるようにしましょう。そのことで質疑応答もエキサイティングなものにできるでしょう。

❶ ―― 経過や論旨を要約する 〔CD23〕

導入―

　話を終えるにあたり，重要点を**要約**しておきます。
　│ As I conclude my speech, I would like to **summarize** the main points.
　締めくくるにあたり，問題点をもう一度ふり返っておきたいと思います。
　│ **As I finish my presentation**, I would like to review the main issues.
　私の論旨の重要なポイントはこれまで**説明してきたとおり**です。
　│ The main points of my argument **are as explained** so far.
　本日の発表は結局のところ次の3点に**絞られます**。
　│ Today's presentation **can be summarized into** the next three points.

全容を要約する―

　ここで，こんなふうに**話の全容**を要約してみたいと思います。
　│ Now, I would like to summarize **the entire speech** as follows.
　ここまで金属に付着した微粒子を検知する方法を**概観してきました**。
　│ **I have presented you with an overview** of the methods to detect

minute particles adhered to metal.

以上，この現象に対する説明をあらためて**凝縮した形**でまとめてみます。
> Now, let me summarize the explanation to this phenomenon and give you **a condensed version** of it.

きょう，お話したかった内容の**輪郭**は次のようなことです。
> The **outline** of today's speech will be summarized as follows.

論旨を要約する

我々の報告は次のような言葉で**簡潔に表わされる**といえるでしょう。
> Our report **can be summarized** as follows.

＊直訳「我々の報告は次のように**要約できます**」

これまで述べてきたシステムの基本的な特徴を**まとめると**，効率性を最優先するということ**になります**。
> The basic characteristics of the system that I have been talking about **boil down to** putting efficiency first.

＊（主語）boil down to X ── （主語）は煮詰まった結果 X になる／（主語）を要約すると X になる

＊ put X first ── X を一番にする／X を再優先する

これまで述べてきたことをまとめると，経済の安定は通貨の安定と密接な関係にあるということです。
> **To summarize what I have been talking about**, the stability of the economy and the stability of currencies are closely related.

要点は事故の対策ではなく予防です。
> The **main concern** is the prevention of an accident, not the countermeasure.

オートメーション化がどこまで可能かということが**要点です**。
> **The point is**, how far can the automation go?

＊直訳「つまり，ここでの要点は，どれだけオートメーション化が進められるかということなのです」

> **The main issue here** is how much of automation is possible.

●第8章=結論を述べる

＊直訳「**ここでの要点**はどれだけのオートメーション化が可能かということです」

経過を要約する

ここで，いままで述べてきた研究経過と論旨を**要約しておきます**。

> Now, **let me summarize** the research process and the main points that I have talked about.

いままでの研究経過をわかりやすく**要約すれば**このようになります。

> **To summarize** the research process simply, it will be put like this.
>
> **Allow me to summarize** the research process so that it will be easier for you to follow it. It will be like this.

＊直訳「研究経過がわかりやすくなるように**要約させてください**。このようになります」

これまで見てきたように，この技術開発は試作と改良の連続でした。

> **As I have explained to you**, we went through a series of trials and improvements throughout the development of this technology.

＊直訳「**お話してきましたように**，この技術の開発の間中，我々は試作と改良の連続を経験しました」

❷―結論を確認する　　　　CD24

導入

以上の根拠から，我々は**次のような結論**に到達しました。

> From the evidence above, we have reached the **following conclusion**.

結論として次の5点を提唱したいと考えます。

> I would like to present the following five points **as my conclusion**.

我々の研究結果は調査に価する次の3つの仮説**を生みだしました**。

> Our research results **came up with** the following three hypotheses that are worth investigating further.

かくして，我々の**理論上の結論**は次のように説明することができます。

> Thus, we can explain our **theoretical conclusion** as follows.

◆コンクルージョン・文例編

私たちはこのモデルが予測している3つの法則とほぼ一致することを**発見しました**。
> We **discovered** that this model matches almost perfectly the three principles that have been forecast.

わがチームの分析は，従来の分析とはまったく違う**結果となりました**。
> Our team's analysis **ended up** as something that was totally different from the other analyses we had seen before.

＊直訳「わがチームの分析はこれまでに見たことのある他の分析とはまったく違う分析に**結果としてなりました**」

結論づける

人間と猿は近い関係にありますが，といって決して同じ**とはいえません**。
> Human beings and monkeys are closely related. However, **it does not mean** they are exactly the same.

これらの結果は人口の動態は国力の動向とおおいに関係する**という結論に達します**。
> These results **lead to the conclusion that** the demographic picture of a nation greatly affects its power trend.

これで，その文化遺産は当時の政治状況の反映であることが**結論づけられました**。
> **This led to the conclusion** that cultural heritage reflects the political situation of that time.

それ故に，**結論としては**絶対的な正義は戦争の主な原因になる**といえます**。
> Therefore, **we can conclude that** absolute justice can be a major cause of a war.

これらの**結果**は当初の予想とまったく違っていました。
> These **results** were totally different from initial expectations.

これらの新しいデータは**私たちの仮説を裏づけるのに十分な証拠**をもたらしているといえます。

175

●第8章＝結論を述べる

> You can say that these new data provide **enough evidence to support our hypothesis**.

この**結果は**，温度と圧力に因果関係があることを示唆する他の研究**と一致しています**。

> **This result is in accordance with** the results of other studies that suggest a causal relationship between temperature and pressure.

この装置の耐性は，温度の変化に対しては強いが，圧力に対しては弱い**という結果がでました**。

> The resilience of this equipment **has been proven** to be high against temperature changes but low against pressure.

我々が発明した新技術はIT産業に技術革命**をもたらす**と考えられます。

> The new technology we have developed is considered to **bring about** a technological revolution in the IT industry.

断定を留保する

この観点から推察すれば，稼動中に異常な振動が発生した**といえるかもしれません**。

> <u>Perhaps</u> **you can infer** from this viewpoint that some unusual vibration occurred during the operation.
>
> ＊言い切ることを避けるときは，perhaps（おそらく）とつけたすと良い。

嗜好と消費パターンはおおいに関係がある**と結論するのが妥当ではないでしょうか**。

> **I would say it is natural to conclude that** people's preferences and their consumption patterns are deeply related.

これらの結果から**一歩進めて**，因果関係はないと結論づけても**良いかと思います**。

> From these results, **I think we can push our argument a step forward** and say that there is no causal relationship.

この発見は，広く認められているプラズマの考え方**と一致しているように思われます**。

This discovery **seems to agree with** the widely accepted idea about plasma.

❸ ― 疑問や反論を予想する

反論を予想する

この学説に対して激しい反論があることは**承知しております**。

I know that this theory is heavily criticized.

＊下線部はほかにも some people heavily criticize this theory／there is fierce criticism against this theory など。

反論が予想されますが，その点については触れないできました。

Certain **disagreements are expected**, but I have not addressed it so far.

これから申し上げる結論に関しては**反論を覚悟しております**。

I am expecting some criticism against the conclusion that I am going to provide now.

＊例文の直訳に近い。

I am fully aware that some of you will not agree with what I am going to say as a conclusion.

＊直訳「みなさま方の中には，私が結論として申し上げようとしていることに**賛成なさらない方がいらっしゃるだろうということは十分承知しております**」

どうぞ私の仮説に**反論をお寄せください**。それによって内容をさらに深めていきたいと考えております。

Please provide me with some **critical comments** about my hypothesis. They will allow me to have a deeper understanding.

＊直訳「どうぞ，私の仮説に**反論をください**。みなさんの反論により私もより深く理解することが可能になります」

I would like to ask you to come up with **counterarguments** to my hypothesis, which will help me dig deeper into the issue.

＊直訳「私の仮説に対する**反論**を考えだしていただきたいと思います。そのことにより私も問題をより深く掘り下げることができます」

177

●第8章＝結論を述べる

これに対し，反論が提出されるかもしれません。
> Some may come up with a counterargument to this.
> ＊直訳「これに対し，反論をだしてくる人がいるかもしれません」

疑問・異論を予想する

いま述べてきた主張については**まだまだ疑問があろう**かと思います。
> I am sure **there are still some unanswered questions** about what I have argued so far.
> I think my argument **has left many questions unanswered**.
> ＊直訳「私の主張は**多くの疑問をまだ答えのない状態のままにしてしまっている**だろうと思います」

この調査結果については専門家の間でも**意見が分かれるところ**です。
> Even among experts, **there is more than a single opinion** about these research results.
> ＊直訳「専門家の間でも，この研究結果について**複数の意見があります**」
> Experts' **opinions** about the research results **are** also **divided**.
> ＊直訳「この研究結果についての専門家の**意見もまた割れています**」

この解釈についてはすでに**さまざまな意見**が発表されています。
> **Various opinions** about this interpretation have already been voiced.
> ＊ voice an opinion ──→意見を声にだす／意見を表明する

この現象の解釈については**まったく反対の結論**も成り立つでしょう。
> Where the interpretation of this phenomenon is concerned, it is also possible to come up with a **totally opposite conclusion**.

条件を変えれば，**まったく異なった現象が観察される**でしょう。
> Under a different condition, **a totally different phenomenon would be observed**.

条件の設け方によっては結論が違ってくるでしょう。
> **Depending on the conditions**, you would achieve different conclusions.
> ＊例文の直訳に近い。
> **Different conditions would lead to** different conclusions.

◆コンクルージョン・文例編◆

＊直訳「異なった条件からは異なった結論が**導きだされる**でしょう」

研究の余地を認める

まだ研究をなすべきことがたくさん残っています。

It is far from the end of the research.

＊直訳「研究は**まだまだ終わりではありません**」

私の仮説を説明するにはいまのところ**データがかならずしも十分ではありません**。

I am afraid **there is not enough data** yet to explain my hypothesis.

このデータには，**ほかにも解釈の仕方があろうか**と思います。

These data **could be interpreted in different ways**.

＊主語を「これらのデータ」に。

You could **interpret** the data differently.

＊主語を「不特定の人」に。

❹—今後の展望を述べる

研究の継続を誓う

この報告ではまだまだ不十分ですので，さらに詳しい研究の経過と結果を来年，**発表する予定です**。

This report is far from enough, so **I plan to get another paper published** next year. It should include more details of the development and the results of the study.

＊直訳「この報告は十分というにはほど遠いので，来年，**もう1本，論文を発表する予定です**。それはさらに詳しい研究の経過と結果を載せたものになります」

私なりの，このような結論を得ることができましたが，**さらに追試を試み**，論理を発展させたいと思っています。

I managed to arrive at this conclusion. **I would like to conduct further tests** so that my study can see a logical development.

＊直訳「何とかこの結論にたどり着くことができました。**さらに追試ができ**，研究が論理的な発展を遂げるようにしたいと思っています」

179

●第8章=結論を述べる

研究の発展を期待する

今後,この技術は多方面に応用されていくこと**が期待されます**。

It is expected that this technology will be applied to many different areas in the future.

＊形式主語の it を使った表現。

Application of this technology to various fields **is expected**.

＊直訳「この技術の多くの分野への応用が高く**期待されています**」

この技術に関してはすでに理論的にはその実用性が証明されていますので,**今後の展開を期待したいと思います**。

As for this technology, its practicality has already been proven, so I **am looking forward to seeing how it will develop**.

さらなる研究によって,熱量と膨張との因果関係が**明確になるでしょう**。

Further research should clarify the causal relationship between the calorie and the expansion.

引き続き調査することによって,この主張はさらに強められるに違いありません。

By continuing the investigation, I believe that this assertion will be made stronger.

研究の方向を考える

今後,この研究はどんな方向に発展するかを考えてみたいと思います。

Let us think about **the future development of this study**.

＊直訳「**この研究の将来の発展を考えてみましょう**」

＊発表者一人の成果ではないので,let me think よりも let us think の方が自然。

Let me talk about the **possible directions where this study may go** in the future.

＊直訳「将来,**この研究が進展する可能性のある方向**について話させてください」

この研究の今後の方向は,この仮説を応用**してみることです**。

The future direction of this study lies in applying the theory.

私どもの研究結果によって,**この分野の研究方向は今後,学際型に変わる**

でしょう。

> Our research results **will change the direction of the future development of this study. It will be more interdisciplinary**.
> ＊直訳「我々の研究結果はこの分野の今後の研究方向を変えるでしょう。それはより学際的なものとなることでしょう」

研究を位置づける

この技術が開発されたことは，**未来を明るくする**ものです。

> The development of this technology **brightens up the future**.

この分野は，**学問としては若く**，魅力的なテーマが数多くあります。

> **This is a new area of study** with many attractive themes to work on.

残念ですが，**研究の現段階では**これらの疑問に対してこれ以上，満足な解答を望むことはむずかしいといえます。

> I am afraid that it would not be possible to expect a more satisfying answer to these questions **at this stage of the research**.

この点は難問ですが，**今後の研究によってはっきりしてくる**と思いますし，また，はっきりさせなければなりません。

> This is a difficult question, that's for sure. However, **I think future studies will clarify the problem** and indeed we must find a way to do so.
> ＊直訳「これはたしかにむずかしい点です。しかし，**今後の研究が問題をはっきりさせてくれる**でしょうし，実際，我々ははっきりさせる方法を見つけなければなりません」

この2つの考え方のうち，どちらを受け入れるのかを決めるのは，いまのところ，**まだ時期が早い**です。

> **It is too early** to decide which one of the two ideas to accept.

資料を洗い直すことで，この研究結果とは違った解釈が可能かもしれません。

> **Reviewing the data** may provide us with a different interpretation from what we have here.
> ＊直訳「データを洗い直すことが，我々に，ここにあるものとは異なった解釈を

181

●第8章＝結論を述べる

　与えてくれるかもしれません」

❺―謝辞を述べる

指導者に対して

我々の研究をずっとサポートしてくださった宇野博士に**心からのお礼を申し上げたいと思います**。ほんとうにありがとうございました。

> **I would like to offer my profound gratitude** to Dr. Uno who has supported our research all along. Dr. Uno, thank you so very much.

お忙しい中，この研究のすべてに関わり，有益な示唆と貴重な資料を提供してくださったワシントン大学のワトソン教授にお礼を申し上げたいと存じます。

> Prof. Watson from Washington University helped me with all aspects of this study **despite his busy schedule**. He provided us with valuable data and suggestions. I would like to thank him now.

＊先に感謝の理由をあげ，最後に謝辞を捧げるとスッキリまとまることもある。

この技術革新は川原先生の貴重なご指導**なくして完成させることはできませんでした**。

> This technological innovation **would have been impossible without** Prof. Kawahara's valuable guidance.

この研究を継続・発展させるにあたって，とくに**大きな影響を与えてくださった**ジョン・ダーツ博士と則松綾子博士のお力添えに心からお礼を申し上げたいと存じます。

> I would like to express my sincere gratitude to Dr. John Darts and Dr. Ayako Norimatsu. They **influenced** my work and provided me with so much support as I continued and developed this study.

＊直訳「ジョン・ダーツ博士と則松綾子博士に心よりのお礼を申し上げたいと存じます。お二人は私の研究に**影響を与えてくださり**，この研究を継続し，発展させるにあたり大きな支えとなってくださいました」

＊謝辞を先に捧げ，その理由を後から提示する例。

━━━━━━━━━━━━━━━━━━━━━━━━━━━━コンクルージョン・文例編◆

この研究が成功したのは**ひとえに柳田繁子博士の思慮深く，有意義なご意見のお陰**です。

> **Had it not been for** the thoughtful and significant advice from Dr. Shigeko Yanagida, this study would not have seen a successful end.
>
> ＊「ひとえに〜のお陰です」とは，「〜なしには不可能でした」ということ。下線部はほかに If it had not been for／Without。
>
> ＊直訳「**もし柳田繁子博士の思慮深く有意義な助言がなかったなら**，この研究は成功裡に終わらなかったことでしょう」
>
> ＊仮定法過去完了で過去に起こった事実と反対のことを想定して話す（実際には柳田博士の助言があったので，研究は成功した。しかし，もしなかったら…）。

研究協力者に対して

この技術開発はわが研究所の若いスタッフによって精力的に進められましたが，東大の若杉研究室**からも大きなご協力をいただきました**。

> The young staff members of our laboratory worked very energetically to develop this technology, but **we also received significant support from** the Wakasugi Laboratory of the University of Tokyo.

この仕事を遂行する全過程を通じて，共同研究者である安岐博士のお力がきわめて大きかったことを**改めて申し添え，謝意を捧げたいと存じます**。

> **Please let me make most of this opportunity to thank** my collaborator Dr.Aki. Her contribution throughout the research has been tremendous.
>
> ＊直訳「**この機会を活かして共同研究者の安岐博士に謝意を捧げたいと存じます**。研究過程を通しての彼女の貢献は非常に大きなものでした」

我々が実験装置の設計と製作をするにあたっては，井藤氏の**ご協力を得ることができ**，研究を飛躍的に進めることができました。

> **We had the support from** Mr. Ito for designing and making the experimental equipment. This helped advance the study significantly.

この研究の基礎になった資料とデータの大半は，その研究所に**提供していただいた**ものです。

183

●第8章＝結論を述べる

> Most of the documents and data that made up the basis of this study **were provided by** the research institute.

この研究は何といっても我々の研究を信頼し，応援し続けてくださった森財団の**財政面での援助**なくしては成功させることができませんでした。

> This study would not have been completed successfully without the **financial support** by Mori Foundation. They believed in what we were doing and kept supporting us.

スタッフに対して

この研究成果は私個人のものではなく，さまざまな助言や刺激を与えてくださった多くのみなさんのご好意によってはじめて完成したものです。

> **I did not achieve these results all by myself.** Achieving them was made possible only because of many people who gave me all those pieces of helpful advice and encouragement.
>
> ＊直訳「**私一人でこの研究成果を得たわけではありません**。私にあれこれと助言と励ましをくださった多くの方々のおかげで可能になったのです」

❻――結びの挨拶

お礼を述べる

本日はご参加いただき，**ありがとうございました**。

> **Thank you very much** for <u>coming here</u> today.
>
> ＊下線部はほかにも joining us／participating in this conference など。

ご静聴いただきましたことに深く感謝を申し上げます。

> I would like thank you sincerely **for your patience**.

お忙しい中，また遠いところ，このようにたくさんの方にお集まりいただきましたことに**心からのお礼を申し上げます**。

> Thank you so much for being here today despite your busy schedule and the long journeys. **I am really grateful** to see so many of you.
>
> ＊直訳「お忙しい中，また長い道のりにもかかわらず，今日，こちらにいらしていただき，どうもありがとうございました。こんなに多くの方々が来てくださっ

◆コンクルージョン・文例編◆

| 「て心より感謝しております」
| I understand that you have busy schedule and had to make a long journey to join us here. **I truly appreciate** your participation. **I am also touched** that there are so many of you in front of me.
| *直訳「みなさま，お忙しい日々を送っておられ，またここまで来るにも遠かったということを承知しております。みなさまにご参加いただきましたことに**心より感謝しております**。また，こうしてこんなに多くの方々がいらっしゃっているということにも**感激しております**」

以上をもちまして私のつたないプレゼンテーションを**終わらせていただきます**。ありがとうございました。

| I **would like to conclude** my presentation here. Thank you very much for listening.
| *英語では「つたない」と自分のプレゼンを卑下する必要はない。

ご参加いただいたみなさまをはじめ，セミナーを準備してくださった主催者の方々に**厚くお礼を申し上げます**。

| I **would like to express my sincere gratitude** to the organizers who prepared the seminar, as well as to the participants.

本日は深く立ち入って十分に話す時間がなかったことを**お詫びします**。

| I **would like to apologize** for not having enough time to deepen the discussion.

このプレゼンテーションが日本の技術戦略の一助**となれば幸いです**。

| **It would give me much pleasure if** this presentation could help with Japan's technological strategies.
| *国際会議では，「わが国」という表現は否定的な愛国心的なニュアンスで受け止められかねない。そのために my（our）country＝「わが国」というよりも，この例のように「日本」という中立的な（とされる）表現を使った方が良い。

新しい技術の特徴をもう一度，確認しながら**私のプレゼンテーションを締めくくりたいと思います**。ご静聴ありがとうございました。

| I **would like to wrap up my presentation** as I review the characteristics

●第8章＝結論を述べる

of the new technology.（ここに確認のまとめがはいる）Thank you very much for your patience.

プラトンの有名な次のことばを引用して結びとさせていただきます。

I would like to conclude my speech **with the famous quote from** Plato.

研究の継続を誓う

これからも微力ながら私なりに**全力を尽くして**研究の努力を続けたいと考えております。どうか、みなさまの力強いご支援をいただけますよう、よろしくお願い申し上げます。

I would like to keep **doing the best** I can for my research. I would sincerely appreciate your continued strong support.

＊「微力ながら」までへりくだる表現は、まず英語ではみられない。上記のように「自分なりのベストを尽くす」程度の表現が適切。

なお目標に向かって研究の努力を重ねたいと考えております。

It is my intention to strive further to reach my goal.

＊直訳「目標に到達できるよう、さらに努力するつもりでおります」

研究の発展を期待する

みなさまからのご意見や感想を期待して発表を終わらせていただきます。

I would like to conclude my presentation here **with hopes for your opinions and comments on my study**.

本日の報告が1つの契機となって、さらにこの分野の研究を深めていただければ**うれしく思います**。

I will be happy if today's report inspires further research in this area.

It will be my joy if today's report builds a momentum to deepen the future study in this area.

＊直訳「本日の報告がこの分野での研究を、さらに深めていく勢いをつくってくれれば**うれしく思います**」

私のお話がみなさんにとって刺激になれば、**こんなにうれしいことはありません**。

Nothing delights me more if my speech inspires you.

コンクルージョン・文例編◆

質疑応答に導く

これで私の報告をひとまず終わらせていただきますが，**もしご質問がありましたら，どうぞ。**

> I would like to finish my presentation here. **If you have any question, please feel free to ask.**

この研究会が終わった後もしばらくおりますので，もしご質問がありましたら，**どうぞ，後で話しかけてください。喜んでお答えしたいと思います。**

> I will be staying for a while here after this workshop, so if you have any question, **please do come and talk to me. I would be more than happy to answer your questions.**

さらに詳細に関心のある方は**遠慮なく私までご連絡ください。**

> If you are interested in more details, **please feel free to contact me.**

次回へつなぐ

このテーマの**続き**は来月のセミナー**でお話します**。よろしかったら，おでかけください。

> **I would like to continue** with this theme in the seminar that is to be held next month. <u>I would appreciate it if could see you again.</u>
>
> ＊下線部の直訳「もし，またお会いできればうれしく思います」
>
> ＊「もしあなたさえよければ」には if you please, if you would like／if it suits your convenience という表現があるが，「来て欲しい」という気持ちがどこかにあるときは下線部のような英語が適当。

本日はありがとうございました。本日の研究の概要に引き続いて，研究の方法につきましては**次回**にお話いたします。

> Thank you very much for being here today. In today's presentation, I talked about the research overview, and I would like to give a follow-up speech on research methods **in the next opportunity available**.
>
> ＊直訳「本日はありがとうございました。今日のプレゼンでは研究概要についてお話いたしましたので，**次の機会には**引き続き研究方法についてのお話をさせていただきたいと思います」

187

Tips for Translation ❽

丁寧さと曖昧さの表現に気を配ろう

　日本語でプレゼンをするときには，当然のこととして敬語を駆使して聴衆に礼をつくすでしょう。また，自分の研究について話すときには，わざと曖昧な表現を使って反証されないように気を使うこともするでしょう。英語でも同じ気配りができると良いですね。

❶ ― 敬語の表現

　「日本人は礼儀正しい」と外国人は思っています。そのように聞かされることもよくあります。その一方で，「日本人は，じつは礼儀知らずでマナーが悪い」という評判もあるようです。その原因は，どうも日本人が英語の敬語表現を身につけていないことにあるらしいのです。

　「日本語の敬語表現がむずかしいのは知っているけれど，英語には敬語表現はない」と思っていたなら，それは大きな勘違い。どの言語にも，程度や種類の差こそあれ，敬語の類いの表現は存在します。

　おそらく一番，出番が多いのは "I would like to…"（～したいと思います）という表現です。want to…では，子どもが「あれをしたい。これをしたい」といっているニュアンスに近くなりますので気をつけてください。

　例としては，次の英文などがあげられます。

　　＊ What I would like to emphasize here is…"
　　　　─→私かここで強調したいのは……
　　＊ With that, I would like to conclude my speech.
　　　　─→その言葉をもちまして私のスピーチを終わらせたいと思います。

❷ ― 依頼の表現

　「〈～してください〉というのは簡単。命令文に please をつければ良い」と思っていませんか。please をつけても，それはあくまで命令文です。プレゼンの中でスピーチの一部として "Please look at the chart."（表をご覧ください）と指示をするときには問題ありません。しかし，特定の人との１対１の会話となると別です。質

188

疑応答で「もう一度，質問を繰り返してくださいますか」とお願いしたければ，
* Could you please repeat your question?
* Would you mind repeating your question?

などの表現を使ってください。"Please repeat your question." という命令文では横柄に聞こえてしまいます。

❸──曖昧な表現を意図的に使う

　「英訳コーチガイド」の①─④では，なるべくシンプルな文を使うように──と訴え続けてきました。それなのに，ここに来て「曖昧な表現を意図的に使おう」とはどういうことか──といぶかる読者も多いでしょう。じつは，学術プレゼンでは断定を避けることが望ましいときもあるのです。断言したら，反論が予測される場合です。

　たとえば，「男性は機械いじりが好きです」といったとしましょう。英語だと "Men are fond of mechanics" といえば良いですね。たしかに「機械いじりが好きな人」といえば，そのイメージは男性でしょう。でも，機械いじりに興味のない男性もいれば，機械いじりが好きな女性も存在します。聴衆からこんな反論がでることは予想されます。

　「私も男性ですが，機械いじりには子どもの頃から興味がありません」
　「従姉の女性が，じつは自動車の機械工です」

　このような反論をあらかじめ封じ込めておくためにも，「～といえるでしょう」「～という傾向が強いようです」「一般的に～です」という曖昧な表現が必要になってくるのです。たとえば，次のようにいえば，一般的な傾向のことであり，すべての男性，すべての女性についての言及ではないと理解してもらえます。

* Men tend to be fond of mechanics.
* In general, men are fond of mechanics.

　　　　　＊　　　　　　　　＊　　　　　　　　＊

　このような配慮は，論文を書く際にはバッチリできていても，プレゼンの話し言葉になると，つい忘れてしまいがちです。シンプルな英語を心がける一方で，1人の研究者として自分の立場も忘れずに。大人として恥ずかしくない「大人の英語」を身につけましょう。

第9章

質疑応答する

——相互理解と積極的な意見交換

　最後の質疑応答がプレゼンでは一番むずかしい個所かもしれません。用意した原稿に頼れる本文と異なり，質問やコメントに対し，そのつど適切な返答をしなくてはなりませんし，英語での質問を理解するリスニング・コンプリヘンションの力も求められます。対策は，あらかじめ「このような質問がくるだろう」「ここは指摘されるだろう」という個所の想定問答を練習することです。ぜひ，ゼミや研究室の仲間にも協力してもらってください。

❶——質問や意見を促す——提案者

意見や感想を呼びかける

　ご質問やご意見がありましたら，どうぞ挙手をしていただけますか。
> If you have any **question or comment**, could you please raise your hand?

　どなたか，ご意見はありませんか。
> Would <u>someone</u> like to say something about this?

＊someone は話者に「誰か発言したいだろう」という気持ちがあり，anyone は「発言したい人がいる確率が5分5分」というのが前提。誰かが発言するのを期待する気持ちが強ければ someone を使う。

　いろいろな質問や疑問があるかと思います。**遠慮なく**おたずねください。
> I am sure you have many questions. **Please feel free** to ask any question you may have.

　ぜひ，ご意見をお聞かせください。
> **I would really appreciate** your opinions.

190

＊直訳「意見をいただければ**とても感謝いたします**」
ここは問題だと思われた個所がありましたら**意見交換を**したく思います。

| If you think there is a problem with my study, please do let me know. I would appreciate it if we could **exchange our views**.

＊直訳「私の研究に関して問題があると思われましたら，どうぞおっしゃってください。**意見交換**ができれば良いと思います」

率直な感想をお聞かせください。

| Please let me know **what you really think**.

不明な点を質す

私の説明にわかりにくいところはありませんか。

| **Have I been clear so far?**

＊直訳「私のいってきたことははっきりしていますか」

とくにわかりにくかった個所はありませんでしたか。

| Was there **something that was particularly difficult to follow**?

ご質問いただければ，そこについてもう少し詳しくご説明いたします。

| **If you have any question**, I would be happy to explain about it a little bit further.

❷ ― 質問する ― 聴衆

質問の許可を求める

質問をしたいのですが，良いでしょうか。

| **May I ask a question?**

その点について**2，3質問があります**。

| **I would like to ask a few questions** about it.

お話をさらに検討したいので**質問させてください**。

| **I would like to ask a question** so I could review what you have been talking about.

さらに詳しい説明を要求する

いまのことの原因について，もう少しお話していただけませんか。

●第9章=質疑応答する

> **Could** you explain a little more about what is causing this?
> ＊「あなた」を主語にしたときも would, could, might などの過去形の助動詞を使うことが多い。これは英語での相手に対する丁寧語にあたる。

このアンケートの分析には，**どのくらいの日数がかかるのでしょうか**。

> **How many days would it take** to analyze the questionnaire data?

いま，**プラス面**については伺いましたが，もし**マイナス面**があるとしたら，**どんな点だと思われますか**。

> You have just explained to us the **positive aspects**. If there should be any **negative aspect, what do you think it might be**?

ご指摘の1点目と2点目の関係**について，もう少し説明していただけませんか**。

> **Could you explain more about** the relationship between the first and the second points that you have mentioned?

なぜ，そのように判断されたのですか。

> Could you explain to us **why you made that judgment**?

その理由は何でしたか。

> **What would you say the reason was?**
> ＊もちろん，What was the reason? という質問だけでもかまわないが，would you say と付け加えることで「その理由は何だったとおっしゃられますか」と，より丁寧な表現になる。

実験が予想どおりにいかなかった**理由をどうお考えですか**。

> **Why would you say** the experiment did not turn out as it had been expected?
> ＊ Why didn't the experiment turn out as it had been expected? でも可。上記の注を参照。

あなたの研究の**最終目的**は何ですか。

> Could you explain to me what **the ultimate goal** of your study is?
> ＊直訳「あなたの研究の**最終目的**が何なのかを説明していただけますか」

このデータを，**どのように活用されるおつもりですか**。

意見や感想を求める

最新のデータについて，**どうお考えですか**。
　| **Could you tell me what you think** about the latest data?

この分析結果に対する**あなたのご意見をお聞かせください**。
　| **Could you tell me what you think** about the results of the analysis?

この分野の研究状況を，**どうご覧になっていますか**。**率直な感想**をお話しいただけませんか。
　| **What would you say about** the state of research in this area? I would appreciate it if you could share with us your **honest opinions**.
　| ＊ What would you say about X? ──→ X についてどう思われますか

技術革新の最近の動向について，**何かコメントがありますか**。
　| **Would you like to say a few things** about the recent trend we see in technological innovation?

矢野理論について，**あなたはどう評価されていますか**。
　| **How would you evaluate** the theory proposed by Yano?

榎本博士を中心とする研究グループの報告**について，ご意見はありますか**。
　| **What would you say to** the report by the research group led by Dr. Enomoto?
　| ＊ What would you say to X? ──→ X に対し，何をおっしゃりたいですか／X に対し，どういうご意見をおもちですか

研究チームの責任者として，**この結果をどう評価なさいますか**。
　| As the leader of the research team, **how would you evaluate this result**?

❸ ─答える─ 提案者　　　　　　　　　　　　　　CD25

導入

ご質問にお答えしたいと思います。
　| I would like to answer your question(s).

193

●第 9 章＝質疑応答する

*質問が1つなら question，複数なら questions。

鋭いご質問をいただき，ありがとうございます。

Thank you very much for the question. I think it is a very good one.

*直訳「**ご質問ありがとうございます。とてもいい質問だと思います**」

*相手からもらった質問には good question という表現がより多く使われる。

その質問はでるだろうと思っていました。

I was expecting that question.

質問の内容を確認する

ご質問の内容は「この理論が適用できる範囲は」ということで良いでしょうか。

Your question is about the area of application of this theory. **Am I correct**?

*最後に「〜ということで良いでしょうか」（Am I correct?／Am I right?）などを付け加えれば，自分の理解が正しかったかを確認することになる。

ご質問をこのように理解してよろしいでしょうか。

Could I **interpret** the question like this?

申し訳ありませんが，もう一度，ご質問の内容をいってもらえませんか。

I am sorry, but **would you mind repeating the question, please**?

すみません。ご質問を3ついただいたと思いますが，3つ目は何についてだったでしょうか。

I am sorry, I think you asked me three questions, but I cannot seem to remember the third one. **What was the third question about**?

*直訳「すみません。3つご質問をいただいたかと思いますが，どうも3つ目を覚えていないようです。**3つ目の質問は何に関してでしたか**」

ご質問がよくわかりません。もう少し具体的にご説明いただけませんか。

I am afraid I do not quite understand your question. Could you **be a little bit more specific**?

回答する

ご指摘のとおりだと思います。

━━━━━━━━━インタラクティブ・コミュニケーション・文例編◆

I think **you are quite right**.

私どもの技術では，**あなたが提出された難問を解決できないかと思います**。

I am afraid that, with our technology, it would not be possible to solve **the difficult problem you have presented**.

ご質問の点について，たしかに**説明が不十分でした**。

Your question is quite valid. **I didn't provide a sufficient explanation**.

＊直訳「あなたのご質問はもっともです。十分な説明をしておりませんでした」

その点については研究をさらに深めなければならないと考えております。

I believe that we need to do further research **where the question is concerned**.

ご質問の点に関しては，近い将来，解決できると断言できます。

I can assure you that **the problem you mentioned** will be solved in the near future.

＊「ご質問の点」とは質問の中で指摘された点という解釈。

いまのご質問に対しては**いくつかの答え方が可能か**と思います。

I would say that **there are several answers** to the question.

このご質問はここ**数年来，指摘されている**ことなのですが，いまのところ適切な答えはまだだされておりません。

The question **has been repeatedly raised for the last few years**, and so far, there has not been a good answer to it.

私はそのことをあくまでも**可能性**として提起したつもりです。

I only suggested it as a **possibility**.

ここで**ご質問に答えていると長くなりますので**，私の論文を参考にしていただけますか。

I am afraid that **it would take too long to answer the question**. Could you perhaps refer to my paper? Thank you.

＊Could you 〜?（〜していただけますか）といった後でthank youと一言つけ加えるのが礼儀。

195

●第9章＝質疑応答する

そのご質問はむしろ物理の分野の方におたずねいただきたいと考えます。
> **I do not think I am the right person to answer the question.** You might want to ask an expert in physics.
>
> ＊直訳「その質問に答えるのに私が適任者とは思えません。物理学の専門家におたずねになった方がよろしいのでは」

即答を保留する

いまのご質問はすぐにお答えするのが困難です。私自身が研究中です。
> I am afraid **it is difficult to give an answer to that question right now**, since I am still trying to figure it out myself.

お答えは次回までお待ちいただけないでしょうか。調べておきます。
> **Would you mind waiting** for the answer **until the next available opportunity**? I will make sure I look into it.

❹――感想を述べる――聴衆

導入

わかりやすくお話くださり，ありがとうございました。
> **Thank you very much for your speech.** It was very clear and easy to follow.
>
> ＊直訳「お話をありがとうございました。明瞭で，わかりやすかったです」

いくつか感想があります。お時間をいただけますか。
> **I have some comments.** Would you spare me a few minutes of your time?

感動を伝える

松岡教授の技術開発にかける熱い情熱と豊富な知識に圧倒されました。
> **I was overwhelmed** by Prof. Matsuoka's passion for technological development and <u>her</u> wealth of knowledge.
>
> ＊下線部は，松岡教授が女性なら her，男性なら his。

きょうのお話は，同じようなことをテーマにしている私にとってきわめて刺激的でした。

196

◆インタラクティブ・コミュニケーション・文例編◆

> Your speech today was very **inspiring** for me because I do work on a very similar research topic to yours.

ご研究の内容とともに研究の手法について**多くのことを学ばせていただきました**。

> **I learned a lot** from your research method, as well as the research content itself.

既成の学問分野を超えて専門家が集まる必要を**改めて感じました**。

> **It came as a fresh reminder** that experts of different areas should get together beyond the existing academic fields.
> ＊例文の直訳に近い。
>
> **Once again I find** an interdisciplinary gathering of experts necessary.
> ＊直訳「いま一度，専門家たちの学際的な集まりが必要と思っております」

研究の結果を急がず，納得のいくまでじっくりとテーマを追い続けること**の大切さを教えられました**。

> **Your speech taught me the importance of** patience, that we should not rush to the conclusion but that we should pursue the research subject until we are fully convinced of the results.

スミス教授の講義は若い私たちに**自信と勇気**を与えてくれました。ありがとうございました。

> <u>Prof. Smith's speech</u> gave us young researchers **confidence and courage**. Thank you very much, Prof. Smith.
> ＊直接スミス教授に話しかける場合は，下線部は Your speech にする。

期待を述べる

本日の概論で新しい視点をいただきました。次回からの各論**が楽しみです**。

> Your overview gave me a new perspective. **I am looking forward to** the specifics you are going to mention next time.

本日のご報告の，**今後の進展をおおいに期待しております**。

> **I really look forward to the future development** of your research.
> ＊「本日のご報告」は，すなわち「あなたの研究」なので，このようにさらっと

● 第9章＝質疑応答する

訳すことが可能。

疑問を述べる

ご意見に学びつつも，**私には少し違和感が残ります**。それは……。

> There is a lot that I have learned from your opinions. However, **I was not totally convinced**. What I mean by that is…
>
> ＊直訳「ご意見から学んだことはたくさんあります。しかしながら，**100パーセント納得したというわけではありません**。それはどういうことかといいますと…」

お話を伺いながら，次の3つの疑問が生まれました。1つ目は……，2つ目は……，3つ目は……。

> **As I listened to your presentation, I had three questions**. The first question is… The second question is… And the third question is…

❺ ―― 意見を述べる ―― 聴衆

同意（肯定）する

私はあなたのご意見に**まったく同感**です。

> I **totally agree** with you.

私はいま発表された研究内容を**全面的に支持**します。

> I **fully support** the research content that has just been presented.

あなたの問題提起は**大変よく理解できます**。

> I **do understand** the issues you raised and why you raised them.
>
> ＊下線部のdoを強調して発言すると「よく」「ほんとうに」という意味になる。
>
> ＊直訳「あなたが提起した問題と，なぜその問題提起をしたかということは**よくわかります**」

あなたのデータ解析方法は**正しいやり方**だと思います。

> **I think** your method for the data analysis is a right one.

この改良で応用される技術に**欠陥はない**と思われます。

> **I do not think** the technical application of this improvement **will have any fault**.

あなたの理論に**ほぼ賛成**ですが，技術的には再考すべき点があります。

198

━━━━━━インタラクティブ・コミュニケーション・文例編◆

> I **generally agree** with your theory, but some technical aspects will have to be reviewed.

あなたのご意見に**基本的には賛成です**。しかし，現場的にはいくつかの修正を必要とします。

> I **basically agree** with your opinion. However, <u>some modifications will be necessary before it can be put into practice</u>.
>
> ＊下線部の直訳「実際に使われる前にはいくつかの修正が必要になるでしょう」

疑問（批判）を述べる

その点では，私は考え方を異にします。

> I must say **I do not agree** with that particular point.

私の意見では，その難問の原因は鋼の硬度にあるのではないでしょうか。

> **In my opinion**, the cause of the problem seems to have something to do with the hardness of the steel.

残念ながら，このプランには**すぐに賛成しかねます**。

> I am afraid that **I cannot readily agree** with this plan.

申し訳ありませんが，あなたのだされた結論には**納得しがたい**ものがあります。

> I am afraid that **I am not fully convinced** by the conclusion you drew.

新技術の導入は不要である**というあなたの見解には反対です**。

> <u>I must say</u> **I disagree with your opinion that** the introduction of new technology is not necessary.
>
> ＊文頭に I must say などのクッション材的な役割をはたす表現をおいてあまりきつく聞こえすぎないように配慮をした方が良い。

視点を変えれば，同じデータからまったく違う**解釈も可能**かと考えます。

> I think that the same data **could be interpreted** very differently from a different point of view.

回転数に注意**さえしていれば**，ご心配されている事故は防げると思います。

> **As long as** you pay attention to the number of revolutions, I think you

199

●第9章＝質疑応答する

| can prevent the kind of accident you are worried about.

評価する

ある意味では，あなたのご提案は**有効**だと思います。

| I think your suggestion is **valid** in a way.

実現性が高いという意味では，**この提案は貴重だといえます**。

This is a valuable suggestion, for its practicality is high.

＊直訳「これは貴重な提案です。というのも，その実用性が高いからです」

あなたの提案は理論としては整然としていますが，実験があまりにも複雑すぎます。

The theory you suggest is well-organized. However, the experiment sounds too complicated.

＊直訳「あなたの提案なさった理論は整然としています。しかし，その実験はあまりに複雑に聞こえます」

効率化を図るあなたの方針は**尊重します**。しかし，現場の技術力の限界もご理解ください。

I **respect** your policy to improve efficiency. However, I would like you to understand the limitation of <u>the technology available to us</u>.

＊英語では，日本語でいう「現場」は文脈によって適切な訳語を探さなければならない。「現場の技術力」をここでは下線部のように「我々に備わっている技術」とした。

そうですね。効率を上げるには，どうしても新しい機械が必要になると**私も思います**。

I think you are right. **I, too, think** that a new machine will be necessary to improve efficiency.

❻―質疑応答を締めくくる――提案者

質問の扱いについて

時間が限られておりますので，申し訳ありませんが，残りのご質問にはお答えできません。

> **Because of the time constraints**, I am afraid I cannot answer the rest of the questions.

時間がなくなってきました。**ご質問はあと1問にさせていただきたいと思います**。

> I am afraid we are running out of time. **I can answer just one more question**.

ご質問はこの研究発表後，**個人的にしていただければと思います**。

> If you have any question, **I would appreciate it if you could come and talk to me** after this presentation.
>
> ＊直訳「何かご質問がありましたら，この発表の後に私のところへ来て直接お話いただければありがたく思います」

後で，何かご質問が生まれましたなら，私宛にご連絡ください。

> **If you come up with any question later**, please contact me.

謝意や謝罪を述べる

すばらしい**ご質問やご意見をありがとうございました**。

> **Thank you very much for your questions and comments**. They were all very inspiring.

これからの研究にとって価値のあるご意見と研究に対する励ましに**心からの感謝を申し上げます**。

> **I would like to sincerely thank you** all for the valuable comments you made for my future research and your encouragement.

鋭いご質問をいただき，かならずしも的確にお答えできなかったかもしれません。**お詫び申し上げます**。

> I may not have been able to provide sufficient answers to some of the sharp questions. **I would like to apologize for that**.
>
> ＊直訳「いただいた鋭いご質問のうち，いくつかには十分なお答えができなかったかもしれません。**お詫び申し上げたく思います**」

Tips for Translation ❾

メッセージを正確に伝える英語にしよう

「さあ，プレゼン原稿を英訳するぞ！」と，最初の第1文から辞書を引き始める前にちょっと待ってください。「日本語から英語へ」と，ただ単語をあてはめれば英訳になるというのもではありません。英訳する際にいちばん気を配らなくてはならないのは，「自分の言いたいことや気持ちを日本語のわからない人に，どのような表現を使ったら伝えられるか」と考えることです。

❶ ─ 普通の日本語ほど英訳するのはむずかしい

学術用語は一見むずかしそうですが，専門の辞書を引けば対訳がでていますから，そこから対応する言葉を引っ張ってくればなんとかなります。また，学会のように専門家同士の集まりでは，キーワードになる専門用語を2つ3ついっただけで「ああ，あのことだな」とわかってもらえる場合も少なくありません。

その一方で，私たちが日常よく使う「普通の表現」であればあるほど，その表現の英訳はむずかしくなることが多い──と私は思います。

日常よく使う「普通の表現」とは，日本語の話者である私たちが無意識に，その意味を分析することなく，あたりまえとして使っている表現です。その「普通の表現」をあらためて英訳をしようとしても，その日本語のメッセージをよく考えずに使っていますから，あらためてとまどうことになります。

さらに，その手の「普通の表現」が，ほかの言語文化圏でも共有されているかはむずかしい問題です。ですから，まるきり同等の1対1に対応する表現とメッセージがあるかというと，かならずしもドンピシャとはいかないこともあるでしょう。

❷ ─ Love を英語から日本語へ訳してみよう

逆の例，つまり非日本語圏でよく使われる表現で，しかし日本語には同等の言葉がないかもしれない表現を考えてみましょう。たとえば，英語でよく使われる動詞に love があります。この love を使って，もう際限なく例文が作れます。

I love you／I love my wife／I love my kids／I love baseball／I love summer／I love Brad Pitt and George Clooney／I love chocolate and ice cream…／……

——— 英訳コーチガイド⑨◆

　ここにあげた love ですが，アナタなら，どう日本語に訳しますか。「love =愛している」で良いでしょうか。
　ほんとうのところをいうと，私は「愛」という言葉を口にするのが照れくさくてなりません。もう日本に「輸入」されて100年以上も経つこの言葉になじめないのは，私だけでしょうか。やはり日本人，あるいは日本語にとっては「外国の味」がするように思えて仕方がありません。
　試しに「愛」という言葉を使わずに上の英語を訳してみましょう。
　「きみのことが心から好きなんだ／妻をとても大事に思っている／子どもは自分にとってかけがえのない存在なんだ／野球って最高／夏がいちばんいいな／ブラッド・ピットとジョージ・クルーニに夢中／チョコレートとアイスクリームには目がないんだ……」
　結果として「愛している」を使うよりなじみやすい日本語になったのではないでしょうか。また，「愛している」では変な訳になってしまう例文もありましたよね。love という動詞も，使われようによってはいろいろな意味やニュアンス，そして，メッセージをもつことになります。その違いがわかればより自然に訳せます。

❸ ─「よろしくお願いします」って，どう英訳しますか

　今度は，日本語でよく使われる表現の英訳に挑戦してみましょう。「よろしくお願いします」という表現を，どう英訳すれば良いかを考えてみたことはありますか。でも，英訳するよりも先に「よろしくお願いします」の意味を，もう一度，考えてみる必要がありそうです。次の文に目を通してみてください。

⇒私は佐藤恵子と申します。本日はよろしくお願いします[①]。前回の会議で質問の多かった〇×の件について，今日は詳しくお話させていただきたいと思いますのでよろしくお願いします[②]。司会進行役は山中教授にお願いしております。では，教授，よろしくお願いします[③]。（中略）
　以上，本日の会議はこれをもって終了ですが，ほかに何か質問やコメントなどございましたら，後日，メールなどにてご連絡ください。よろしくお願いします[④]。今後もみなさまからのアドバイスを活かして研究を進めていきたいとの所存でございますので，これからも，どうぞよろしくお願いします[⑤]。

203

また，研究チームのうち１名，田所が来年オーストラリアの姉妹校にてお世話になることになりました。受け入れ側のみなさま，彼のことを，どうぞよろしくお願いします。[*6]
　次回の会合は６月を予定しておりますので，どうぞよろしくお願いします[*7]。会場は九州大学になります。九州大学のみなさま，ぜひよろしくお願いします[*8]。

　いかにもありそうな挨拶ですね。それにしても「よろしくお願いします」の使われる回数が多いこと。でも，声にだして読んでみると，そう違和感はありませんね。ピッタリくる英訳はでてきましたか。「この『よろしくお願いします』には良さそうだけれど，次の『よろしくお願いします』には使えなさそう」なんていう英訳もでてきたのではありませんか。
　じつは「よろしくお願いします」の英訳は１つではありません。なぜなら，「よろしくお願いします」という表現には使われるコンテクストごとに異なった，さまざまな意味があるからです。前記の「よろしくお願いします」にピッタリかな――と思われる英語の表現をあげてみます。

①── It is nice to meet you today.
②── We would like to discuss…
③── Prof. Yamanaka, please.
④── Thank you very much for your cooperation.
⑤── We would really appreciate your further support.
⑥── I trust that he will be in good hands.
⑦── I look forward to seeing you then.
⑧── I am sure they will organize a great conference.

　なぜ上記のような訳が適当なのか。それぞれの「よろしくお願いします」のメッセージを考えてみましょう。
　①──挨拶の冒頭なので聴衆のみなさんを歓迎したい。
　　　──→お会いできてうれしく思います。
　②──これから進める内容について説明し，合意を得たい。
　　　──→……について話したいと思います。

③—「さあ，ここでお話を始めてください」という合図を送りたい。
　　　→では，山中教授，お願いします。
④—今後，協力してもらうべきことについてあらかじめお礼をいっておくことで「あ，そうしなくてはならないんだな」という気持ちにさせたい。
　　　→ご協力に感謝いたします。
⑤—今後も未来へ続く支援をお願いしたい。
　　　→ますますのご支援を期待しております。
⑥—世話をしてくれる側へ「ウチの人間をきちんと世話してください」とはいいづらいので，別の言い方で相手への期待と依頼の気持ちを伝えたい。
　　　→みなさんのもとで，彼は何も心配ないと確信しております。
⑦—「また集まってくださいね」という気持ちを伝えたい。
　　　→またお会いできることを楽しみにしております。
⑧—「しっかりやってくださいね」とはいいづらいので，別の言い方で期待と励ましの気持ちを伝えたい。
　　　→すばらしい大会を開催してくださることと確信しております。

❹—英語の「壁」を越えるには

　いかがでしたか。英語に「訳す」ことは，ただたんに対応する単語を探してあてはめる作業ではありません。ですから，「英語力不足だから英訳は苦手」という単純な話では，じつはないのです。もちろん，辞書を引くことも大事ですし，英語力（語彙や文法の知識）を高めることも大事です。でも，その前に「自分の伝えたいメッセージとは何なのか」を分析する力が必要なのです。そして，その行為には，じつは日本語に対する知識や敏感さも必要だということが，これらの「英訳コーチガイド」全般からわかっていただけたでしょうか。

　英語は，たしかに日本語とは異なる語彙と文法から成り立っています。英語圏と日本語圏の社会文化的な違いもあります。でも，スタート地点の，日本語の「表層の表現」から「私の言いたいことは，つまりこういうこと」というメッセージのレベルにまで分析できれば，英訳はそうむずかしいことではないのです。伝えたいことの中身には，英語でも日本語でも大きな違いはないはず。そう思って取り組めば英訳の「壁」を1つ越えられるでしょう。

終章 成功に導く効果的な戦略と技術

——聴衆を魅了するスキルとツール

　スピーチは大きなテーマについて信念をもち，情熱をこめ，言葉のみで語りかけますが，プレゼンは具体的なデータを言葉とビジュアルエイドなどを使って論理的に説明します。そこではおのずと聴衆を引きつけ，研究してきた成果に対する理解を得るために論理構成やパワーポイントの使い方など効果的な戦略や技術が大きな役割をはたします。その工夫なくしてプレゼンを成功に導くことはできません。

❶──成功するための戦略フレームワーク

　学術プレゼンを成功に導く「効果的な戦略」なんてあるのでしょうか。タイトルに表記しながら「何と無責任な」と叱られそうですが，そんな戦略があれば，何百年，何千年もの間に行なわれた数多くの学術プレゼンを研究して成功のエッセンスを凝縮した戦略があってもおかしくはありません。
　でも，「これはというものがない」というのが現実ではないでしょうか。経験則に基づく直感的なものや戦術的なものはありますし，部分的に戦略と呼べそうなものはありますが，「これだ！」といえるものはないというのが現状ではないでしょうか。
　ビジネスでいえば，マイケル・ポーターの「5つの力」(Five Forces Model) や「3つの基本戦略」(Three Generic Competive Strategies) などが優れた戦略論の代表選手の1つだといわれていますが，学術プレゼンにはそのような決め手の戦略はないのでしょうか。この点についてはリサーチをしてみましたが，あまりピンと来るようなものはなかったというのが正直な感

想であり，現時点での結論です。

厳密な科学であれば，理論構築や戦略論の展開も可能でしょうが，聴衆を相手に人間がしゃべるプレゼンテーションの，科学というよりも，むしろアートに近い世界では，厳密な戦略を構築するのはなかなかむずかしいというのが2番目の結論です。これは，いくら研究者がコンピューター操作に習熟し，パワーポイントの達人になったとしても，変わることはありません。

何となく否定的なことを書きましたが，ここで終わってはこの項の意味がありませんので，私（藤井）が考える成功のための戦略フレームワークを新たに提示したいと思います。それは，"VSOP"です。

1) ― Vision
2) ― Strategy
3) ― Originality
4) ― Passion

この4つをしっかりとまず押さえることで，学術プレゼンを成功に導くことができるのではないかという新たな提言です。

◆ビジョン（Vision）

これはプレゼンテーションが成功した暁の到達点のイメージを強くもつということです。あるべき姿に対する強い思いといっても良いでしょう。学術プレゼンでいえば，研究の成果が明瞭な形で聴衆に伝わり，今後の研究課題が明確になり，聴衆からは活発な意見やコメントが寄せられ，「アナタの論文をぜひ読んでみたい」「アナタと一緒に研究をしたい」という人が多く現われるというイメージです。

こうした聴衆の反応を得て，アナタはますます「今後の研究に力を入れるぞ」と決意を新たにし，共同研究のパートナー候補と共同研究の可能性について議論を開始するといった状況を想像するのです。

そうした成功のビジョンを描ききれないプレゼンは，本人がそう思っていない以上，成功する確率は低いといわれても仕方がないでしょう。とにかく，できるだけ明確で具体的な成功のビジョンを描くことが鍵です。

●終章＝成功に導く効果的な戦略と技術

◆戦略（Strategy）

　戦略とはビジョンを達成するための道筋のことです。明確に意識されたゴールに至る最良かつ実践可能なプランが戦略です。それでは具体的にどういった点を見ていけば良いのでしょうか。

　ここで，新たに BASiCS というモデルを提示したいと思います。このモデルはマーケティング戦略コンサルタントの佐藤義則さんが提示しているものですが，学術プレゼンにも応用可能だと思いますので紹介します。

　まず，BASiCS の意味するところは，

　　①— Battlefield（戦場）
　　②— Assets（独自資源）
　　③— Strengths（強み・差別化）
　　④— Customers（顧客）
　　⑤— Selling Message（売り文句）

です。おもにビジネス用に開発されたモデルですが，これがいかに学術プレゼンに使えるかについて説明しましょう。

①— Battlefield（戦場）

　学術プレゼンの場が生死を争う Battlefield（戦場）かどうかは別にして，さまざまな研究発表が行なわれる中で，自分の研究発表にほかの研究者の発表よりも多くの人びとの関心を引きつけ，納得させるという意味では，まさに戦いの場であるといえます。多くの研究者が世界中から集まる場ですし，英語を母語とする人もたくさんいます。そうした中でプレゼンは自分の研究発表を際立たせる戦場なのです。どこの国の，どういう機関で，何人くらいが参加し，どういう目的をもった場なのかを押さえておく必要があります。

②— Assets（独自資源）

　自分の持つ Assets（独自資源）は何でしょうか。大学や企業の持つ研究施設でしょうか。膨大な研究費でしょうか。あるいは優秀な指導者や共同研究者たちでしょうか。こうした他人がもたない独自資源を１つ１つあげてい

って，それらを明確に意識するのです。

③ — Strengths （強み・差別化）

自分の強みは何でしょうか。他人の研究にはない差別化のポイントは何でしょうか。それは過去の研究の調査・分析力でしょうか。すぐれた論理構築力でしょうか。余人の追随を許さない天才的なひらめきや直観力でしょうか。こうしたことを冷静かつ客観的に押さえておくのです。

④ — Customers （顧客）

自分のプレゼンを聴いてくれる顧客，つまり聴衆はどういう人たちでしょうか。大先輩の大家でしょうか。それとも新進気鋭の研究者集団でしょうか。聴衆の知的レベルや自分の発表分野における知識・知見はどの程度でしょうか。そうした情報をできるだけ詳細かつ具体的に把握します。

⑤ — Selling Message （売り文句）

最後は，売り文句（Selling Message）です。要するに自分は聴衆に何を伝えたいのかという鍵となるメッセージを明確に意識することが肝要です。

◆オリジナリティー（Originality）

いままでになかった独自の成果をアピールし，それが当該分野の研究にどのような知見と貢献を新たにもたらし，今後の研究の方向をいかに示唆するのかをしっかりと考えます。

◆情熱（Passion）

学会などの発表を見ていますと，この人はこの分野にほんとうに情熱をもっているのだろうかと疑いたくなる退屈なプレゼンもめずらしくありません。「先輩の研究者が聴衆にいる」「はじめての英語でのプレゼンなので神経質になっている」「あとの質疑応答が気になってしようがない」など不安要因は多々あるかもしれませんが，この分野に対する情熱だけは誰にも負けな

●終章＝成功に導く効果的な戦略と技術

いぞという強い思いが聴衆に伝わるように堂々と語りかけましょう。

＊　　　　　　＊　　　　　　＊

　いかがでしたか。VSOP も BASiCS も戦略構築のためのフレームワークとして覚えやすく，使えそうではないでしょうか。

　さあ，後は本書の基礎編を理解し，文例編や技術編を十分に参考にして，誰もがうーんと唸るような迫力のある印象的なプレゼンにぜひチャレンジしてみてください。

❷──スキルアップの心得とコツ

　理論と技術はコインの裏表（Two sides of the same coin）で不可分の関係にあります。長年，積み重ねてきた自分の研究（理論）を伝えるためには聴衆の特徴なども十分に考えて発表の仕方を工夫しなければなりません。技術は力です。ここではそうした説得力のあるプレゼンをするための心得と，実践に即した効果的な技術をトピック的に紹介します。

◆書かれたものと話されたものは違う

　プレゼンと論文の最大の違いは，書いたものは書かれた順番を無視しても読むことができますし，理解できなければ何度でも読み返すことができますが，プレゼンは一度かぎりの勝負だということです。とくに途中での質問が認められていないプレゼンでは，真剣勝負の度合いはさらに高くなります。

　また，学会では，参加者のほとんどが聞くはずの Key Note Speech（基調演説）は別にして，Parallel Sessions（並列セッション）が開催されるのが普通です。つまり，同日ないしは日を前後して同じようなプレゼンを何回も聴くことになります。したがって，いかにメッセージを明確に伝えて聴衆の関心をとらえるかが鍵になります。そこで，心がけたいのが次の２つのオーラルコミュニケーション（口頭伝達）のコツです。

①── **KISS**

　KISS は，"Keep It Short and Simple." の略です。知的レベルが一般に高い

発表者と参加者が集まる学術会議の場では，これはかなりむずかしいことです。短くて単純なプレゼンをしてしまったら，自分の知的能力が疑われるのではないかとの不安も理解できます。しかし，心配ご無用。自分の研究分野に深い関心を持ってくれた参加者がいれば，論文を読んでもらえば良いのです。プレゼンは，あくまでそのための興味を喚起する機会であると割り切りましょう。割り切ったら徹底してKISSを心がけましょう。そして，伝えるべきおもなメッセージはせいぜい5つまでに抑えましょう。

②――予告→伝達→要約

　これは「何を伝達するかを予告し，実際に伝達し，そして，何を伝達したかを要約する」という意味で，英語でいうと，"Tell them what you're going to tell them 'Forecast', tell them 'Conveyance', and tell them what you told them 'Summary'."となります。

　とにかく予告・伝達・要約を通して，しつこいくらいに主メッセージを繰り返し伝えるくらいでちょうど良いのです。はじめて聴くプレゼンの場合，人間の記憶力は大したものではありませんので，これは効果的なプレゼンテーションを可能にする黄金律（Golden Rule）の1つです。

◆聴衆の集中度のカーブを知る

　聴衆の集中度は，プレゼンの間中，一定ではありません。よほど自分の研究分野とぴったり一致するプレゼンが行なわれる場合でもないかぎり高度の集中を終始，保ち続けるのは至難の技です。

　一般的な傾向としては開始直後の集中度が一番高く，それから下降線をたどり，最後にまた上がっていくというパターンになるようです。開始直後に集中度が高いのは，どんな内容のプレゼンになるのか興味津々だからです。

　しかし，聴衆の中には，同一ないしは関連分野でほかにどんな研究が行なわれているかのちょっとした感触を得たいとか，別のプレゼンを聞くまでの空き時間を利用してついでに立ち寄って聞いていったりするケースも多いので，その後の集中度は徐々に下がっていきます。

●終章＝成功に導く効果的な戦略と技術

　プレゼンの最後に近くなって，せっかく聴きに来たのだから何か重要なポイント（Key Takeaway）を学んで帰ろうという気持ちから，集中度は上がってきます。ただ，すでに最初からプレゼンを聴いた後なので，開始時ほどには集中度は戻って来ないのが通常です。
　こうした集中度の一般的パターンを頭に入れたうえで効果的なプレゼンのテクニックを考えてみましょう。

①──インパクトのあるメッセージを発する
　まず最初と最後に明快で印象深いメッセージを発することです。英語でいえば，"Start with a bang. Finish with a bang." ということになります。
　最後は，それまでの内容を理解できなかった人や集中できなかった人も挽回しようと気合を入れ直すタイミングでもあります。ここに主要なポイントの簡潔な要約を入れることは理にかなっていますし，聴衆の理解度・満足度の向上に大きく貢献します。

②──中間的な結論を入れる
　極端に短いプレゼンの場合は別ですが，30分以上のプレゼンで時間に多少余裕がある場合は，プレゼンの途中に「中間的な結論」（Intermediate Conclusions）を入れます。こうすることによって，その前の部分を聴き損ねた人も途中から追いつくこと（Catch-up）ができるというわけです。

③──エピソードやユーモアを活用する
　聴衆の集中度が下がる中間部分で研究に関連した逸話（Anecdote）や上品なユーモアをさりげなく入れるのも効果的な1つの方法です。

◆学術プレゼンの構造は「大きく，小さく，大きくな～れ！」
　昔，NHKの子ども向けテレビ体操で使われた歌の中に「大きく，大きく，大きくな～れ。大きくなって，天までとどけ！」「小さく，小さく，小さくな～れ。小さくなって，アリさんにな～れ！」という個所がありました。じ

―――――――技術編◆

つは，この歌詞は学術プレゼンの基本的構造の説明にも使えるのです。

①――ズームイン

　学術プレゼンは，最初から最後まで同一次元でずっと行なわれるわけではありません。通常は一般的に認められた原理・原則からスタートします。つまり，ビッグ・ピクチャーです。それからプレゼンターは徐々に聴衆に伝えたい具体的な研究対象に絞り込んでいきます（このように絞り込んでいくことを Zooming in といいます。被写体なり場面なりを，望遠レンズを使ってクローズアップしていくイメージです）。

　このように研究対象をビッグピクチャーから特定の研究分野に絞り込んでいくことによって，以下のような内容を聴衆に伝えることができるというメリットが得られます。

　　1) 発表の対象とした研究が主要分野からかけ離れた瑣末な研究ではなく，中核研究分野において，どんな明確な位置づけと意義を有しているか。
　　2) プレゼンを理解するために求められる知識の範囲は何か。
　　3) 当該研究が，大きな研究の歴史の流れの中で，いかに過去の成果のうえに成り立ち，どのような歴史的意義をもっているか。

②――ズームアウト

　プレゼンの最後にはふたたび大きなピクチャーに戻ります（これを Zooming out といいます。これは絞り込んだ画像の倍率を小さくし，大きな全体図が見えるようにするということです）。そうすることによって，以下の内容を伝えることが可能になります。

　　1) 研究の主要な結果の要約。
　　2) 従来のおもな研究との繋がりと，当該研究が中核分野にもたらした新たな貢献。
　　3) 今後，取り組むべき課題についての大きな方向性。

　このように，多くの人にもっともわかりやすい学術プレゼンは，「大きく始め，小さくなって，大きく終わる」という基本構造をもったものです。

●終章＝成功に導く効果的な戦略と技術

◆オープニングのコツ

　プレゼンのオープニングは誰でも緊張するものです。私もいろいろなところでプレゼンをたくさんしてきていますが，いまだに緊張します。日ごろ，慣れ親しんだ大学の授業でも，「今日はどんなクラス展開になるだろうか」と思いますし，ましてや予測がつかない新しいテーマの授業のときなどは何となく出足がためらいがち（Tentative）になることも多くあります。

　それでは，緊張がピークに達するオープニング時の緊張を和らげるコツをいくつかご紹介しましょう。

①──しつこいくらい準備をする（Prepare, Prepare and Prepare）

　「攻撃は最大の防御」ではありませんが，準備に勝る良薬はありません。何度もリハーサルをしましょう。個人で鏡やパソコンを前にして練習するのはもちろん，同僚・指導教官・プレゼンのコーチなど生身の人間を前にプレゼンの直前まで何度でもしっかり練習をしましょう。練習こそが安心をもたらせてくれます。

　「研究活動そのものや論文を書くことにこそ注力するべきで，プレゼンに時間やエネルギーを注ぐのは本末転倒でもったいない」というのは大きな間違いです。プレゼンを通じて自分の研究成果を多くの人に使ってもらうことができなければ，せっかくの研究や論文も日の目を見ないことになりかねません。プレゼンは最終目的ではありませんが，最終目的に到達するための不可欠の部分であるとしっかり認識してください。

②──ゆとりを持つ

　プレゼンを始める前に会場全体を見渡し，参加者の顔を見，深呼吸を2, 3回しましょう。自分にとってはたいへん重要な研究かもしれませんが，参加者にとってはそれほどのことではないかもしれません。前の晩のパーティーがたたり，コーヒーなしでは目を開けていられそうもない，そんな寝ぼけ眼の人たちはいませんか。

　あまり深刻に考えない（Don't take yourself too seriously.）というある種

の開き直りも必要です。

③──オープニングの二言三言はメモしておく。
　最初の二言，三言はなかなかスムーズにはでにくいものです。逆にその二言，三言がでると，残りのプレゼンはけっこう楽にいくものです。
　そこで，最初の二言三言は手元のわかりやすい場所にメモしておくのです。頭の中が真っ白になったとしても，そこを見ればいうべきことが書いてあるという安心感が自信に満ちたプレゼンにつながることも多くあります。

④──ゆっくり，大きな声で話す
　最初からぼそぼそと小声ではいけません。多くの聴衆はそんなオープニングを聞くと，あと30分もこの退屈なプレゼンにつきあわなければならないのかと絶望的になり，出口ちかくの席にすばやく移動したくなるものです。
　大きく，ゆっくりとした明瞭な声でしゃべりましょう。そうすることで，聴衆の関心をがっちりつかむことができますし，自分自身も気持ちが落ち着いてくるものです。プレゼンの問題の多くは「早く話しすぎることにある」という人もいます。「小声で早い」は最悪，「大きな声でゆっくり」が最良と覚えておいてください。
　とくに英語を母語としない私たちは大きな声でゆっくり話すことで，より多くの人に理解してもらえる確率を高めることができます。発音の癖は誰にでもあるものだし，文法の間違いはネイティブだって犯します。安心してゆっくりと大きな声で堂々とプレゼンを始めましょう。

⑤──謝らない
　プレゼンの最初に「自分は英語が苦手で申し訳ありません」（I am sorry. My English is very poor.）などと謝る人がいます。これはまったく不要です。そもそも「最初から謝らなければいけないような人のプレゼンを自分は聴かなければいけないのか」と否定的な反応を聴衆に呼び起こすのが関の山です。幸か不幸か，日本人は概して英語が下手なことは世界的に有名なの

● 終章＝成功に導く効果的な戦略と技術

で，そもそも説明する必要などないのです。

聴衆は，決してプレゼンターの英語を聴きに来ているのではありません。あくまで中身を聴きに来ているのです。自意識過剰（Over Conscious）になることなく堂々と本質的な中身の話をしてください。

英語以外でも，「事情があり，十分に準備する時間がなくて」（Things came up and I haven't had enough time to prepare for this presentation.）などは言い訳にしか聞こえません。準備する時間がなければプレゼンを辞退すれば良いのです。とにかくしっかりと落ち着いた態度で始めることです。

◆学術プレゼン・スライド作成のためのテンプレート

学術プレゼンのスライド作成に役立つように大まかなテンプレートをご紹介します。これはかならずしも厳密なものではありませんのでプレゼンの内容にあわせて調整するようにしてください。

①──プレゼンのタイトル＋共同研究者＋発表者＋所属（1枚）

このページに所属機関のロゴを入れるなどすると引き立ちます。2枚目以降のページの端（たとえば右下）に連続して同じロゴを入れるのもOKです。所属機関を印象づけるのに役立ちます。

②──研究テーマと研究成果の簡単な要約（1枚）

論文でいうアブストラクト（Abstract）に相当する部分です。なぜ，この研究をテーマとして取り上げるに至ったか，そして，最終的な成果は何だったのかについて簡単に要約します。

③──プレゼンの流れ（1枚）

プレゼンのできるだけ早い段階でタイムスケジュールの全体像を聴衆に提供します。こうすることで聴衆は聴く準備を整えられ，プレゼンターは自分の「立ち位置」が確認できますので，心の平安が得られ，プレゼンに集中できます。プレゼンを進めていく際も，大きなテーマの切り替わり時にはこの

タイムスケジュールのどこにいるのかを指し示すことで，聴衆はさらに全体像を再確認することができ，より親切です。

④─背景（2～3枚）

研究の動機，研究テーマ，本人または他人のこれまでの研究成果，手法などに触れます。部屋にいる人はアナタと同じ研究分野の専門家ばかりとは限りませんし，アナタの研究テーマに100％関心があるわけでもありません。できるだけ丁寧に説明し，ボディー部分の発表に向けて盛り上げていってください。

⑤─結果（X枚。1枚に最低1分かけられる枚数）

これはボディーの部分で，プレゼンのメインディッシュです。おもな結果と洞察を書きます。要約ポイントは最大で5つまでとし，重要なポイントのみ要約します。それ以上の数のポイントがある場合は「スライドを分ける」「大分類・中分類を使う」などの工夫をします。小分類や数字の多い数表は避けましょう。聴衆が処理できる情報量には限りがあります。

⑥─要約（1枚）

ここまで来ると，一度さがった聴衆の集中力はふたたびプレゼンの最初のレベル近くまで戻ってきます。仮にそれまでのプレゼンの内容がまったくわからなかったとしても，せっかくずっと聴いていたのだから大事なポイント（Key Takeaway）だけでも持ち帰りたいという心理が働くものです。1人でも多くの人に自分の研究を理解してもらうためにできるだけ簡明にプレゼンの内容を要約しましょう。

⑦─今後の研究（1枚）

自分の研究の結果，明らかになった今後の新たな研究テーマや方向性に言及します。これは自分の研究の当該分野への貢献を確認し，みずからに次のテーマを課す個所でもあります。

●終章＝成功に導く効果的な戦略と技術

◆数字に強くなるコツ

　私は現在，大学で理工系の学生に英語を教えていますが，彼らは概して数字に強いといえます。ただ，それは日本語での話で，いったん英語になると少し怪しくなってきます。学術プレゼン，とくに理工系のプレゼンでは数字を使った議論ができることは不可欠の能力です。この力はいくつかのコツを覚えればマスターできますので，それをご紹介しましょう。

　①―3桁区切りで捉える
　②―概数で捉える
　③―ちょっとした計算のコツを身につける

　それぞれについて説明しましょう。

①―3桁区切りで捉える

　これは以下のように少しずつ「桁を上げていって」，順次，英語表現を身につけることを指します。以下，その方法を例示します。

　1）まず基本となる以下の英語表現を覚えます。

　　1（one）
　　10（ten）
　　100（one hundred）
　　　　⋮
　　1,000（one thousand）
　　10,000（ten thousand）
　　100,000（one hundred thousand）
　　　　⋮
　　1,000,000（one million）
　　10,000,000（ten million）
　　100,000,000（one hundred million）
　　　　⋮
　　1,000,000,000（one billion）
　　10,000,000,000（ten billion）

100,000,000,000（one hundred billion）
2）次に各桁に0と1以外の数字がはいっている場合の英語表現を覚えます。6桁と9桁の例を以下に示します。桁数が変わろうと基本的なルールは同じです。

123,456……one hundred and twenty three thousand, four hundred and fifty six

123,456, 789……one hundred and twenty three million, four hundred and fifty six thousand, seven hundred and eighty nine

②―概数で捉える

英語による学術プレゼンを効果的に進めるためには，厳密な数字よりも概数で説明する方がわかりやすい場合が多々あります。新聞や雑誌を読むときでも，大きな数字が使われているときは，概数で理解するほうが現実的で記憶に残りやすいということもあります。概数で捉えるコツは対象となる数字を4捨5入あるいは切り上げるということです。

たとえば，前述の例でいえば次のようになります。

123,456 ≒ 130,000（about one hundred and thirty thousand）

123,456,789 ≒ 130,000,000（approximately one hundred and thirty million）

③―ちょっとした計算のコツを身につける

簡単な計算のコツはいろいろあります。ここでは3つご紹介しましょう。

1) 123,456 × 25％ ≒ 130,000 × 0.25 = 130,000 ÷ 4 ≒ 30,000 となりますので，これを "a little more than thirty thousand" などと大まかに捉えて説明すれば良いのです。

2) 24 × 26 = 624。これは10の位が同じ数字（例では2）で，1の位の合計が10（4 + 6）。この場合は1の位の数字をかけて4 × 6 = 24，その前に「10の位の数字」×「10の位の数字 + 1」（2 ×（2 + 1））を繋げれば良いのです。結果は624となります。

●終章＝成功に導く効果的な戦略と技術

　　　それでは，53 × 57 はどうでしょうか。3,021 です。簡単ですね。その理由は，最初の例でいえば，24 × 26 =（20 + 4）×（20 + 6）のように「10の位と1の位の足し算の掛け算」として考えればすぐにわかります。一般化もできますので，この簡便計算がうまくいく理由を考えてみてください。
　3）為替の変換も比較的簡単にできます。ドルを円に換算するときは，もし1ドルが110円だとすると，ドルの数字に0を2つつけて1割増しにすればよいのです。たとえば，150ドルは15,000 + 1,500 = 16,500円のように計算します。
　　　また，1ユーロを150円とすると，150ユーロは2）のルールを使い，ユーロの数字に0を2つつけて5割増し，つまり，22,500円とすぐに計算できます。その際，0をいくつ末尾につけるかに注意すれば（例では150 × 150で0が2つ），桁数の間違いを避けることができます。
このような簡便な計算方法は思わぬときに役立ちますので使いやすい計算法をいくつか貯金しておいて，いざというときに役立ててください。
　4）最後に，もう1つ有効数字（Significant Figures）のお話をします。理工系のプレゼンの練習におつきあいしていますと，有効数字を無視して長い計算を行ない，実験結果として，その数字をそのまま表記しているケースをたまに見かけます。有効数字について詳細を説明するのは本書の範囲を超えていると思いますが，有効数字の重要性を指摘することでみなさんの注意を喚起しておきたいと思います。

◆非言語コミュニケーションのコツ

　コミュニケーション分野におけるアメリカのある研究によると，コミュニケーションにインパクトを与えるのは，実際に使われる言葉そのもの（Verbal）の要因（7％）よりも，その言葉がいかに話されるか（Vocal）の要因（23％）の方が大きく，それ以上に大きなインパクトを与えるのはジェスチャーなどの非言語的（Non-verbal, Visual）な要因（55％）だったそう

です。

　この研究のこうした比率がどうやって得られたのかは別として，プレゼンにおける非言語的な要因はたしかに重要で，言葉では伝えきれないメッセージを「雄弁に」伝えてくれます。

　そこでこの項では，タブーといわれるしぐさを「やってはいけないしぐさ20戒」として以下に紹介しましょう。

　　1）汝，ポケットに手を突っ込むことなかれ。
　　2）汝，両手を腰に当てることなかれ。
　　3）汝，腕組みをすることなかれ。
　　4）汝，聴衆の目を見ずに話すことなかれ。
　　5）汝，壁や演台に寄りかかることなかれ。
　　6）汝，聴衆を指さすことなかれ。
　　7）汝，ポケットの鍵や小銭をいじることなかれ。
　　8）汝，携帯電話を鳴らすことなかれ。
　　9）汝，ペンや差し棒をいじり続けることなかれ。
　　10）汝，髪の毛や洋服を触り続けることなかれ。
　　11）汝，大げさな表情を浮かべることなかれ。
　　12）汝，顔をしかめることなかれ。
　　13）汝，床を行ったり，来たりすることなかれ。
　　14）汝，間違ったときに照れ笑いをすることなかれ。
　　15）汝，鼻を鳴らすことなかれ。
　　16）汝，だらしない服装や汚れた靴を身につけることなかれ。
　　17）汝，チョークやマーカーで手を汚すことなかれ。
　　18）汝，スクリーンをさえぎることなかれ。
　　19）汝，差し棒でスクリーンをたたき続けることなかれ。
　　20）汝，ポインターをぐるぐる回すことなかれ。

　聴衆の集中をさまたげる動作はほかにもまだたくさんあると思いますが，よく指摘されるおもなものは以上です。すべてに気を配るのは大変ですが，「自然な動作で，1人1人に誠意をもって語りかける」しぐさを心がけまし

● 終章＝成功に導く効果的な戦略と技術

ょう。自分の癖にはなかなか気がつかないものです。同僚や指導教官を前に練習するとか，鏡を見ながらセルフチェックをするとかしましょう。

◆英語力をつけるコツ

　英語を母語としない私たちが英語でプレゼンをするのは大変です。私はアメリカ留学前に英語をかなり勉強してから行きましたので，英語の授業を受けること自体では苦労はしませんでした。

　しかし，大学院にはいる際，大学当局から学部の学生を教える Teaching Assistant（TA）のオファーをもらったときはさすがにどうしようかと思いました。留学前に英語学校に通い，卒業式には英語でスピーチをした経験もありましたが，それも日本でのことです。全員が英語のネイティブであるアメリカ人に，母語でもない英語を使って数学が教えられるだろうかとずいぶん悩みました。

　そこで，学部アドバイザーだった著名なアメリカ人教授に相談に行きました。すると，温厚で，趣味もピアノやテニスと幅広いこの教授は，「そのようなチャンスを与えられたのなら，それを活かすべきだ」とのアドバイスをくれたのです。何か迷っている私の背中をぽんと押してくれたようで，帰途，夜空の星を見上げながら，「やるぞ！」と決意したのでした。

　授業が開始される前のある日，大学が TA に対して教授法のオリエンテーションを開催してくれました。インストラクターは指導が上手なことで定評のある著名な教授です。彼が最初に教えてくれたのは，「教室にはいったら最初に黒板を消すこと。前の授業の板書が残っているかもしれないから」ということでした。

　さて，授業当日，大きく深呼吸をしながら教室にはいった私は，まず教授にいわれたとおりに黒板をきれいに拭くことから始めました。しかし，じつは黒板は最初からきれいに拭かれていました。私はそれに気づかないくらい緊張していたのです。

　その日以来，私は来る日も来る日も準備に十分な時間をかけ，授業用のノートもしっかり作り，本番ではできるだけ大きな声でゆっくり話し，質問に

も丁寧に答えるようにしました。お陰で，学生の評価では数学科全体で上から2番となり，夏休みには授業科目を1人で受け持つほどになったのです。
　数学が専門だった私が，どのようにして英語を身につけることができたのか，そのコツをお話したいと思います。ポイントは，3つあります。その3つとは以下の通りです。
　　①—インプット
　　②—音読とシャドーイング
　　③—睡眠学習

①—インプットの勧め

　英語は私たちにとって外国語です。したがって，「インプットされないものはアウトプットもされない」，言い換えますと，「アウトプットされるということは，どこかでインプットされている」というのが「厳然たる」科学的な事実です。
　英語を母語として身につける機会がなかった私たちは，成人した段階において第2外国語としてこれを身につけるしか方法がありません。幸か不幸か，日本では英語ができなくても生活にまったく支障がありません。したがって，生きるために英語を学ぶというインセンティブも働きません。つまり，意識的に学習するしか方法がないのです。
　それではどうするか。できるだけ大量のインプットをするのです。できるだけたくさん読み，できるだけたくさん聴く。これにつきます。通勤または通学する電車の中でも英語で書かれたものを読む。自動車を運転しているときもジョギングや散歩をしているときも英語を聴く。こうしたことを習慣化するのです。

②—音読とシャドーイングの勧め

　では，アウトプットはどうすれば良いのでしょうか。仲間同士でプレゼンや会話の練習をするのももちろん結構です。ネイティブの友人がいれば，彼らと話すのもOKです。会話スクールに行くのも良いでしょう。

●終章＝成功に導く効果的な戦略と技術

　しかし，もっと手軽にできるアウトプットの方法があります。それは音読とシャドーイングです。「只管朗読」というのは国弘正雄先生の言葉ですが，同時通訳者であり，類まれな英語の使い手である先生は，ただひたすら英語を音読することを勧めておられます。この方法の有効性は脳学者との共同研究でも明らかになっています。

　ただ，この方法の欠点は発音が固定化してしまうということにあるのではないかと思います。そこで，できるだけネイティブが話す英語に近く，多くの人が理解してくれる英語を身につけるためには，シャドーイングをお勧めします。

　シャドーイングとは同時通訳者の訓練に用いられる方法ですが，音声を聞きながら，これを後から追いかける方法です。最初はテキストを見ながら，ある程度できるようになったらテキストを見ずにやるのです。これはリスニング力，スピーキング力，読解力の3つの力を同時に身につけられるというきわめて有効な方法です。

③——睡眠学習の勧め

　睡眠学習は，言わずもがな，就寝するときに英語のCDなりをかけっぱなしで聴き流すことです。私たちは多忙な毎日を送っていますし，研究者は研究に朝から晩までかかりっきりで，とても英語を勉強するために時間をさくことができないというのが実情ではないでしょうか。

　しかし，睡眠はどうしても必要です。その時間を無駄にせず，自分に関心のある分野の英語のCDを，目を閉じながら聴くのです。科学の専門家なら，プレゼンの達人として有名なファインマンのCDなどはいかがでしょうか。それでは眠れないではないかとの反論がでてきそうですが，ご心配無用。かならず眠れます。眠った後もCDが流れっぱなしでもかまいません。

　こうしたことを日々くり返すことで，さらに多くのインプットを意識的・無意識的に脳にしていくのです。

　バレリーナは毎日，過酷な練習をすることが求められるそうです。1日休めば本人がわかり，2日休めばパートナーがわかり，3日休めば観衆がわか

るそうです。英語もまったく同じ。私は「英語学習はザルで水をすくうようなもの」とよくいいます。ザルは穴だらけで水をすくうのは大変ですが、それでもすくい続けなければ、英語のカメは空っぽになってしまうのです。

　プレゼンのときだけうまくやろうというのは、普段、勉強もせずに本番の入試のときだけうまくやるぞといっているようなものです。オリンピックのメダルも長い間の努力があってこそ取れるのです。みなさんも、ぜひ楽しくザルで水をすくい続けてください。

◆より高い未来をめざす── VSOPモデルの応用

　この章の最初にVSOPという戦略フレームワークをご紹介しました。学術プレゼンを成功させるために有効なフレームワークとしてご紹介したわけですが、じつは非常に応用範囲の広いフレームワークです。応用として、みなさんご自身の研究者としてのキャリアにあてはめてみましょう。

①──ビジョン（Vision）

　みなさんは将来にどんなビジョンを描いていますか。「大学の研究者として研究を続け、後進の指導にあたりたい」「企業にはいって、より実践的な研究成果をだしていきたい」「いやいや、自分はノーベル賞を取るのだ」などいろいろあるでしょうね。

　ここでいうビジョンは、いわゆる夢物語とは違いますが、といって、さまざまな制約条件を考えた末の妥協の産物、つまり、現実の延長のようではビジョンとはいえません。実現の可能性を考えるのは次の戦略を考えるときで良いのです。

　実現の可能性はいったん棚上げして、まずは「将来、自分はこうなりたい」という強い思い（Compelling Picture of The Future）を描くことが大切です。抗いがたい情熱（Irresistible Passion）とでもいいましょうか。先輩や仲間が「そんな無茶な」「そんなナイーブな」というかもしれませんが、気にしなくて結構です。内に秘めた強い願望でも良いのです。一番大切なのはどうしても実現したいという未来の絵を描くことです。

225

●終章＝成功に導く効果的な戦略と技術

　ビジョンなしにキャリアを考えるのは，行きあたりばったりの人生を歩むということと同じです。ゼネラル・エレクトリック（General Electric）のジャック・ウェルチ前会長は，"Control your destiny. Or someone else will."といったことで知られています。「自分の人生は自分でコントロールせよ。さもなければ，誰か他人がアナタの人生をコントロールすることになってしまう」という意味です。自分なりのしっかりとしたビジョンをもちましょう。

②──戦略（Strategy）

　ビジョンを達成するための道筋・方策が戦略です。ビジョンを達成するにはどうしたら良いのか，その方法を考えます。願う姿であるビジョンと現実との間には差があります。仮にないとすると，アナタはすでにそのビジョンを達成しているわけですから，真の意味のビジョンではありません。その差をしっかり分析して，その差を埋める方法を考えるのです。

　「ノーベル賞が取れるような世界的な学者になりたい」というのがアナタのビジョンだとしましょう。そのためには超一級の研究成果をあげるための真剣な努力を積み重ねることは当然ですが，その成果を世界に伝えるためには本書のテーマであるプレゼンテーションの能力が不可欠です。プレゼンテーション戦略自体は，本質的には使用する言語に関わらないといえますが，いま，世界に研究成果を問うのであれば，英語によるプレゼンテーション能力はどうしても必要です。

　ならば，英語の力を身につけるにはどうしたら良いのかというように，ギャップを埋める方法を1つずつ考えていくのです。そして，現実とビジョンのギャップが1つの明確な線で繋がったら，その時点でアナタは立派な戦略を手にしたのです。自信をもって実行に移しましょう。

③──オリジナリティー（Originality）

　ほかの人と同じことをやっていたのでは抜きんでることはできません。「ナッシュ均衡」で有名な数学者ジョン・ナッシュがプリンストン大学での博士論文を書くときにこだわり続けたのは「オリジナルであること」でし

た。彼はありきたりの講義に飽きたらず，ひとりオリジナルへの道を歩み続け，変人扱いされながらもノーベル賞を手にしたのです。

戦略の要諦の1つに「差別化」(Differentiation) があります。おもに競争戦略の分野で使われる考え方ですが，「他社と同じことをやっていたのでは競争に勝てない」というのが基本的な考え方です。「他社」を「他人」に置き換えれば，これは個人にもあてはまります。他人にはできないことを成し遂げる。そのためには自分だけが持つユニークな資源（Assets）や力（Strengths）を徹底的に問うのです。そして，そうしたユニークな資源や力を最大限に発揮してオリジナルな成果を世に問うというのが，オリジナリティーを創出する際の基本的なアプローチです。

④──情熱（Passion）

情熱なしには何も生まれません。私が高校生のときにラジオを通じて数学を教わった東北大学の勝浦捨造先生は，「数学は紙と鉛筆と興味と情熱さえあればかならずできるようになる」と熱く語っておられたのをいまでも覚えています。この一言がその後，私を数学の道へと駆り立てたのだろうと思います。

「恒に夢を持ち，志を捨てず，難（かたき）につく」という言葉は「テレビの父」といわれる高柳健次郎さんの言葉です。この希代のエンジニアは，結局，私がいうVSOPを別の言葉で私たちに語りかけてくれたのではないかと思います。明日の日本，延いては世界の研究者をめざす1人でも多くの方がVSOPを実践されることを願っています。

❸──プレゼンの達人になるための自習ガイド

ここでは，まず学術プレゼンの準備から始まって，実際にプレゼンをするまでの流れを順次，「成功するための効果的なプレゼンの技術とは何か」という視点から段階ごとにみていくことにします。つまり，効果的な学術プレゼンをするためのスキルとツールを前節のトピックもおおいに念頭におきながら，さらに詳しく体系的にご紹介します。そして，最後のまとめとして

●終章＝成功に導く効果的な戦略と技術

PQ（Presentation Skills Quotient）という指数を新たにご紹介したいと思います（基本的な考え方は序章および第1章から第9章の導入部分を参照）。

なお，各項目についている通し番号は，最後にご紹介するPQシートのチェックリストの番号と一致します。つまり，本章で解説されるすべてのスキル項目がチェックリストで再確認できるようになっていますので，あわせ読みながら，ぜひご活用ください。

◆準備（Preparation）をしっかりしよう

> ①──目的を定めよう
> ②──聴衆は誰かを知ろう
> ③──クロージングを決めよう
> ④──オープニングを決めよう
> ⑤──ボディーを作り上げよう
> ⑥──ビジュアルエイドを使おう
> ⑦──全部をまとめよう

学術プレゼンにおいて準備の重要さはいくら強調しても，強調しすぎることはありません。しかし，いくら準備しろと繰り返しいわれても，どうやって準備して良いのか戸惑う方もいらっしゃるでしょう。自分の書いた論文を何度も読み返しては，つい「書くのはまだ良いけれど，しゃべるのはね～」とため息をつかれる方もいらっしゃるかもしれません。そこで，準備段階で押さえるべき7つのポイントをご紹介しましょう。

①──目的を定めよう

あなたのプレゼンの目的は何でしょうか。指導教官にやれといわれたから。履歴書に書けるから。うまくすれば，就職に役に立つから。まあ，人それぞれ心の中には密やかな目的はあるにせよ，これらの目的はいずれも確固たるものとはいえませんね。基本的には，次の2つが学術プレゼンの目的と

いえるのではないでしょうか。
1) 当該の研究分野における自分の研究がもたらす貢献のエッセンスを直接，多くの研究者に知ってもらう。
2) 自分の研究に関心をもってもらい，できるだけ多くの研究者に論文を読んでもらう。

プレゼンは論文の代替をなすものではあり得ません。したがって，プレゼンではカバーできないような詳細な研究内容については，論文を読んでもらうように聴衆に働きかける（たとえば，"For further details, please refer to my paper under the same title." などという）のは，有効なプレゼンの戦術といえます。

②―聴衆は誰かを知ろう

孫子は「己を知り，敵を知れば，百戦，危うからず」といっていますね。プレゼンの聴衆は敵ではありませんが，本章の前々節「成功するための戦略フレームワーク」の「戦略」（Strategy）の項でも述べた通り，どういう聴衆に向けて話すのかを知ることはきわめて重要です。その際，以下の3つのポイントを押さえるようにしましょう。

1) 聴衆に関する情報をできるだけ事前に手に入れましょう。聴衆は直接に関連する分野の専門家，広い意味の専門家，ほとんど知識のない非関連分野の研究者など多層に別れているのが通常です。

その中でも直接に関連する分野の専門家が聴衆である場合が大半でしょうから，彼らに向けたプレゼンを心がけるのは当然だとしても，オープニング時の導入やクロージング時のまとめは，直接の専門家でなくても十分に理解できるように，わかりやすくするなどの工夫をしましょう。

2) プレゼンは1人語りではなく，聴衆との双方向の対話であると心得ましょう。

3) 聴衆からスピーカーとしての資格・力量に関する信任を得るために聴衆に関する事前情報の収集は必須です。

●終章＝成功に導く効果的な戦略と技術

③──クロージングを決めよう

　プレゼンにおいては成功のビジョンを描くことが何よりも大事です。最初にクロージングを決めるのは，成功した際の明確かつ具体的な最終イメージを強く描くために不可欠です。ぜひ実行してください（前々節の「ビジョン（Vision）」の項〈207ページ〉を参照）。

④──オープニングを決めよう

　次にオープニングを決めます。ボディーを固める前にクロージングに続いてオープニングを決めるのにはいくつかの理由がありますが，大きく以下の3つのポイントがあげられます。

1) 聴衆の信任を得るためのほぼ最初で最大の機会だからです。
2) つぎは聴衆の集中力の度合いが変化するという事実に関わっています。多くの聴衆の，集中度のピークはオープニング直後に来るからです（前節の「聴衆の集中度のカーブを知る」の項〈211ページ〉を参照）。
3) プレゼンターの緊張の度合いが一番高いのもオープニング時です。クロージングで成功のビジョンがしっかりと描けたら，そのビジョンを達成するためのStrategy（戦略）の第一歩を踏みだすのがオープニングです。したがって，オープニングをどのように行なうかはしっかりと慎重にやる必要があるのです（前節の「オープニングのコツ」の項〈214ページ〉を参照）。

⑤──ボディーを作り上げよう

　クロージングとオープニングを決めたら，次はボディーです。料理にたとえればプレゼン・コース料理のメインディッシュですからしっかり作り上げます。当然のことですが，ここがプレゼンの最重要部分です。

　もし，ここに自信がなければプレゼンをすべきではありません。プレゼンは本人にとって重要な機会ではありますが，聴衆も貴重な時間とエネルギーとコストをかけてあなたのプレゼンを聞きに来てくれているのです。ぜひ，聴衆のそうした投資および期待に答えられるプレゼンにするために最大限の

努力をしましょう（詳細のチェックポイントについては，本節の「ボディー／コンテント」の項⑭〜⑱〈236 ページ〉を参照）。

⑥―ビジュアルエイドを使おう

プレゼンにおけるビジュアルエイドの重要性はいくら強調しても，強調しすぎることはありません。なぜでしょうか。それは聴衆の記憶保持率（Memory Retention Rate）が情報伝達の手段によって大きく違ってくるからです。以下のような結果が示されています（出典：*"Regina Kolign, Effective Business and Technical Presentations"*〈New York：Bantam, 1996〉）。

聞く＝ 10％　　読む＝ 20％　　聞いて読む＝ 50％

つまり，プレゼンの内容にぴったりマッチした効果的なビジュアルエイドを作ることができれば，聴衆はアナタのプレゼンの 50％をも記憶してくれるというのです。ただ話すのを聞いてもらう，ただ書いたものを読んでもらうだけに比べると，圧倒的なインパクトです。

科学・技術分野でのプレゼンでは，ビジュアルエイドはさらに重要どころか，まず不可欠です。多くの研究成果は言葉だけで説明しようとすると非常に煩雑になってしまうからです。ですから，プレゼンを最高の研究発表の機会にするために不可欠なビジュアルエイドの作成には，しっかりと時間をかけるようにしましょう（詳細は，ビジュアルエイド㉑㉒および前節の「学術プレゼン・スライド作成のためのテンプレート」の項〈216 ページ〉を参照）。

⑦―全部をまとめよう

ここまで準備したことをまとめます。まとめる際に重要なのは以下のポイントです。

1) 与えられた時間を超過しないようにまとめましょう――学術プレゼンで時間厳守は最低限の約束事項です。多くの研究者が発表の機会を求めているのです。与えられた時間を最大限に活かすのは当然ですが，それを超過するのはほかの研究者の貴重な時間を奪い取る自己中心的な行為であるとみなされます。どんなに優れた内容のプレゼンで

●終章＝成功に導く効果的な戦略と技術

あっても，高い評価は得られないと心得てください。
2) 質疑応答の時間をかならず設けましょう——オリジナルでユニークな内容であればあるほど，聴衆はプレゼンの後に質問をしたくなるものです。内容の確認，コメント，意見など何が飛びだしてくるかがわかりませんし，ましてや英語を母語としない私たちにとって，英語による質疑応答は非常に「怖い」時間帯です。しかし，それは聴衆に対するサービスであり，マナーでもあるのです。また，聴衆から新たな視点や知見が得られるかもしれない貴重な時間でもあります。質問のでないプレゼンは，誰にも興味を持たれず失敗だったとみなされても仕方がないくらいです。他方，聴衆はプレゼンターに対し敬意を表したり，礼儀として質問をしたりするようなところもあります。

　いずれにしても質問は成功のバロメーターと考え，ぜひ前向きに質疑応答の時間を組み込むようにしましょう。
3) 自分を聴衆の立場において全体をクリティカルに見てみましょう——私たちは自分の研究内容に思い入れが強い分，どうしても聴衆の立場を忘れがちです。自分のプレゼンをはじめて聴く人が，プレゼンの流れに従って不要なストレスを感じることなく理解できるかどうかという視点で全体を見て，必要なら適宜修正をするようにしましょう。

◆導入（Introduction）を決めよう

⑧——聴衆の関心を引きつけよう
⑨——聴くに値するプレゼンターであることを伝えよう
⑩——目的とおもなポイントを明確かつ簡潔に伝えよう
⑪——なぜ聴くべきかの理由を強調しよう
⑫——主要なポイントの概略を述べよう
⑬——時間枠と進行予定を確立しよう

導入部分はいろいろな意味で非常に重要です。その最大の理由の１つは，

聴衆がプレゼンテーションあるいはプレゼンターについていろいろな疑問・懸念・不安・心配事をもっているからです。たとえていえば，初対面同士がお互いに抱く感情に通ずるものです。具体的には以下のような感情です。

〈聴衆の不安〉
　　＊プレゼンテーションについて——
　1）このプレゼンは興味深いものだろうか。
　2）このプレゼンは自分の研究に役立つだろうか。
　3）このプレゼンを聴くという選択は間違っていないだろうか。
　4）このプレゼンはだいたいどういう内容だろうか。
　5）このプレゼンはどういう構成で進行するのだろうか。
　　＊プレゼンターについて——
　1）このプレゼンターはちゃんとした研究者だろうか。
　2）このプレゼンターは優秀な指導者や同僚がいる研究機関に属しているだろうか。
　3）このプレゼンターはプレゼンが上手だろうか。
　4）このプレゼンターは英語をちゃんとしゃべれる人だろうか。
　5）このプレゼンターはしっかり準備してきているだろうか。

ほかにもたくさんあると思いますが，代表的なものは以上のようなものでしょう。あまりたくさんありすぎて，プレゼンターであるあなたは不安になりますよね。しかし，プレゼンターだって不安をたくさん抱きながら，プレゼンに臨んでいるのです。たとえば，以下のような不安です。

〈プレゼンターの不安〉
　　＊プレゼンテーションについて——
　1）自分の研究テーマは聴衆にとって興味深いものだろうか。
　2）自分の研究は聴衆の研究に役立つだろうか。
　3）自分のプレゼンを聴くという選択をした聴衆は，誤った選択をしたと思わないだろうか。
　4）自分は内容のある研究をしただろうか。
　5）自分は明確な構成をもったプレゼンを準備しただろうか。

●終章＝成功に導く効果的な戦略と技術

＊プレゼンターについて――
1) 自分はちゃんとした研究者だと認められるだろうか。
2) 自分は優秀な指導者や同僚がいる研究機関に属していると認められるだろうか。
3) 自分はプレゼンが上手だろうか。
4) 自分はプレゼンを英語でちゃんとできるだろうか。
5) 自分はしっかり準備してきただろうか。

　もう，おわかりですね。プレゼンターの持つ不安と聴衆の持つ不安は表裏一体なのです。そうしたお互いの不安を払拭する主人公はプレゼンターであるアナタ自身ということになるのです。つまり，運命の鍵を握っているのはアナタだということです。これはある意味で非常にラッキーなことです。自分にはどうしようもない環境や他人の気分ではなく，アナタ自身が成功の鍵を握っているのですからです。

　それでは，こうした不安を一気に払拭するための導入時における主要なチェックポイントを見ていきましょう。以下のとおりです。

　なぜ，こうしたことが重要であるかについてはすでにお話しましたので，おわかりかと思います。一言でいえば，「プレゼンターと聴衆が持つ表裏一体関係にあるお互いの不安を一気に払拭する」ということです。それぞれについて以下に解説します。

⑧―聴衆の関心を引きつけよう

　聴衆はアナタの最初の一言を固唾を飲んで待っています。期待しています。ここで，彼らのハートをわしづかみにしましょう。プレゼンターであるアナタも緊張しています。しかし，ここが最初の勝負どころです。十分に準備し，集中して，ここを乗り切りましょう（前節の「オープニングのコツ」の項〈214ページ〉を参照）。

⑨―聴くに値するプレゼンターであることを伝えよう

　プレゼンターがどういう研究者であるかは聴衆の誰もが知りたいところで

す。アナタがノーベル賞クラスの研究者でもない限り，「自分は中身だけで勝負」とはなかなかいかないのは世の常です。名前・所属機関・指導者・共同研究者の名前・過去の研究実績などに最初に触れましょう。

⑩―目的とおもなポイントを明確かつ簡潔に伝えよう

このポイントは非常に大切です。なぜならば，プレゼンの目的とおもなポイントを明らかにすることは聴衆の関心に答え，不安を払拭するためのみならず，どういう目的で研究し，世に伝えたい研究成果のポイントは何かというアナタ自身が問うべき基本的な2つの問いに対する明確な答えを準備するためにも不可欠だからです。目的やポイントの定まらないプレゼンは，効果的であり得るはずがありません。

⑪―なぜ聴くべきかの理由を強調しよう

アナタの研究が，もし研究に値するのであれば，それは発表に値するというように考えてはいかがでしょうか。他方，聴衆はかならずしも明確な理由があってアナタのプレゼンの場にいるとは限りませんが，最初にそこをはっきりさせましょう。アナタが長い時間と労力をかけて研究したことの発表の場です。それが聴衆の研究，延いては当該の研究分野にどんな貢献をもたらすかは，お互いが最初に確認すべき事項です。

⑫―主要なポイントの概略を述べよう

主要なポイントの概略を述べます。多くの研究者は，研究の歴史・背景・過去の成果・研究手法，そして，最後に研究の成果を時系列的に述べることが多いようです。こうした流れは，論文では広く認められていても，口頭プレゼンでは聴衆を最後の結論まで長く待たせることになり，多くのストレスを与えてしまいます。そうしたストレスの原因を最初におもなポイントの概略を述べることで取り除くのが親切であり，効果的です（前節の「書かれたものと話されたものは違う」「学術プレゼンの構造は『大きく，小さく，大きくな～れ！』」の項〈210, 212ページ〉を参照）。

●終章＝成功に導く効果的な戦略と技術

⑬──時間枠と進行予定を確立しよう

　これはプレゼンでは必須です。書いたものであれば，読者は自分のペースで前後を自由自在に読み進むことができますが，プレゼンはプレゼンター任せです。ですから，1回かぎりの説明で内容を理解することを求められる聴衆側にとって，どんな構成でプレゼンが進行するかはペース配分上，不安材料です。また，長時間にわたって集中を途切れさせないようにするのは大変だからでもあります（前節の「聴衆の集中度のカーブを知る」の項〈211ページ〉を参照）。ですから，最初にプレゼンの枠と進行予定を伝えて聴衆に安心感を与えると同時に心の準備をしてもらうのです。また，そうすることによりプレゼンター自身もみずからの進行計画を確認することができます。

　学術プレゼンでは，プレゼンの最後に質疑応答の時間が設けられ，プレゼンの最中はプレゼンターが一方的に話すケースが大半だと思いますが，それであればなおさら，しっかりとしたタイムテーブルを作り，それを聴衆に事前に明らかにすることは最低限のマナーであり，プレゼンを効果的にするためにも非常に有効です。ぜひ実行してください。

◆ボディー／コンテント（Body／Content）をがっちり固めよう

> ⑭──中身を適切で興味あるものにしよう
> ⑮──論理的に2〜5のおもなポイントにまとめよう
> ⑯──アイデアをつなぐ指標やトランジッション表現を使おう
> ⑰──裏づけとなるデータを使い，ポイントを明確に説明しよう
> ⑱──明瞭・正確かつ簡潔な言葉を使おう

⑭──中身を適切で興味あるものにしよう

　学術会議では同一ないしは関連分野の研究者が集まって来ますので，概してアナタの研究に対する興味の度合いは高いはずといえます。ただ，全員がかならずしもそうであるとは限りません。聴衆の関心，そして，知識のレベルは多層構造（Hierarchy）になっているのが通常でしょう。関連分野の専

門家が聴いてもわかりやすく，興味がわく中身にするために「簡明な表現を使う」「専門用語はかならず定義する」「ビジュアルを使う」など本書でも随所で説明されている工夫をするように心がけましょう。

⑮——論理的に2〜5のおもなポイントにまとめよう

聴衆がそのスライドをはじめて見た場合，そこに書かれている情報を処理できる量は限られています。ましてや，それがまったく新しい概念や研究結果である場合はなおさらです。目安としてポイントは最大で5つまでに絞りましょう。それ以上のポイントがある場合は，

 1) スライドをもう1枚追加する。

 2) ポイントを括りなおし，大分類・中分類のように2層に分ける。

などの工夫をしましょう。

スライドを映しだす時間は最低でも1分間。与えられた時間からスライドの枚数を計算し，それぞれのスライドに収めるポイントは最大でも5つまでと考えて重要なポイントだけに絞り込んでいきましょう。

⑯——アイデアをつなぐ指標やトランジッション表現を使おう

書かれたものを読む行為と，話されたことを理解する行為とでは受け手にかかる負担はまったく異なります（前節の「書かれたものと話されたものは違う」の項〈210ページ〉を参照）。書いたものであれば，通常の論文の順序（アブストラクト〈Abstract〉→イントロダクション〈Introduction〉→研究手法〈Research Methods〉→結論〈Results〉→ディスカッション〈Discussion〉→結論〈Conclusions〉→参考文献〈References〉）を「無視して」前後を自由自在に読む（情報を処理する）ことは可能です。

しかし，プレゼンではそうはいきません。通常はプレゼンターの話す順番に内容を理解することが求められます。したがって，プレゼンターは聴衆の理解を助けるためにいくつかの工夫をすることが求められます。つまり，

 1) いま，プレゼン全体の中で，どこの部分を話しているのか（手がかりになるサインポスト表現を使う）。

●終章＝成功に導く効果的な戦略と技術

　　2）トピックの移り変わりをはっきりと示す（トランジッション表現を使う）。

などです。たとえていえば，指標とかトランジッションとかいう表現を有効に使い，プレゼンという大海原を遭難することなく航海できるように羅針盤を提供するということです。そして，それができるのは，この世にただ一人，プレゼンターであるアナタ以外にはいないということをしっかり肝に銘じて，聴衆をやさしく導いてあげてください。

⑰──裏づけとなるデータを使い，ポイントを明確に説明しよう

　学術プレゼンでは研究を裏づけるデータを使うことは当然です。しかし，そうしたデータをそのまま表にしてスライドで見せるかどうかはまったく別問題です。なぜなら，一般的には，聴衆はスライドに書かれた表は読みづらいと感じるからです。

　そこで，
　　1）データの要約を示す。
　　2）あるいは詳細データは論文を見てもらうよう伝える。
などの工夫をしましょう。プレゼンでも「過ぎたるは及ばざるが如し」です。

⑱──明瞭・正確かつ簡潔な言葉を使おう

　プレゼンではこの心構えは必須です。聴衆の全員がアナタの研究分野の専門家であるとは限りません。そこで，以下のような工夫をしましょう。
　　1）複雑な文法は避け，短い文章を使う。
　　2）受動態は避け，能動態を使う。
　　3）専門用語は定義する。
　　4）業界内の一部の人たちにしか通じない用語（Jargon）は避ける。
　　5）頭字語（Acronym）は避けるか，使うなら最初に定義する。

　複雑な長文はアナタの知性の代名詞ではありません。どんなに複雑で高等な概念であっても，それを明瞭・正確かつ簡潔な言葉で表現できる能力こそがプレゼンにおける本物の知性であり，良識です。

◆結論（Conclusion）をしっかり伝えよう

> ⑲――明確な要約を使い，おもなポイントを振り返ろう
> ⑳――最後はアピールと行動の呼びかけで締めくくろう

⑲――明確な要約を使い，おもなポイントを振り返ろう

　限られた時間内で，すでに説明したことを改めて振り返るのは時間の無駄だと考えるべきではありません。おもなポイントを振り返ってもらうことで，聴衆は以下のようなメリットを得ることができます。

　1) 先に理解できなかった点や不明な点を明らかにする。
　2) 理解の再確認をする。
　3) 質疑応答のきっかけにする。
　4) 自分の研究分野との関連を考える。
　5) 当該分野における新たなインパクトや貢献について考える。

　また，プレゼンターにとっても，この部分は不可欠です。結局，このプレゼンは何のために行なったのかという目的そのものの確認になるからです。準備のプロセスとして，「クロージングを先に決めよう」と訴えたのは，こういう理由からなのです。

⑳――最後はアピールと行動の呼びかけで締めくくろう

　学術プレゼンは発表しておしまいではありません。アナタの研究は，多くの研究者たちが長期にわたって営々と続け，積み上げてきた成果のうえに成り立っているのです。そして，みずからもその研究の歴史を形成する一員としての成果を発表したのです。したがって，以下のような目的を持ってアピールと行動の呼びかけをすることが求められます。

　1) みずからの研究成果の確認
　2) みずからの研究成果の研究分野全般に与えるインパクト
　3) みずからの研究成果の社会全般に与えるインパクト
　4) 今後の研究課題の確認とアクションプラン

5) 共同研究の可能性の呼びかけ

 すべての学術プレゼンがこうした目的のすべてを持っているとは限りませんし，ここにリストアップしたすべてを最後に訴える必要がかならずしもあるとも限りませんが，少なくともこうしたことを考えてみることは非常に大切です。また，学問の世界でも，今後，企業との連携がますます盛んになっていくと考えられます。そうした状況の中で，この最後のアピールと行動の呼びかけは不可欠です。

◆ビジュアルエイド（Visual Aids）を使いこなそう

> ㉑──中身に直接関連し，上手にデザインされたものを作ろう
> ㉒──ビジュアルを明瞭かつ簡潔に説明しよう

㉑──中身に直接関連し，上手にデザインされたものを作ろう

 ビジュアルはプレゼンでは効果絶大です。作るのに時間はかかりますが，この有効なコミュニケーション手段を使わない手はありません。その際のおもなポイントは以下のとおりです。

1) 情報を詰め込まない（論文のコピーペーストなどはあり得ません）。
2) 要約文は並列にする（異なった文章の形をミックスするのではなく，名詞句・動詞句・能動態・受動態など一貫して1つの形を使う）。
3) 英文文字はArialなどの活字書体（Sans Serif）を使う（Times New Romanなどのヒゲ飾りつき文字〈Serif〉は，論文には適しているが，プレゼンでは活字書体の方が読みやすい）。
4) 色は「明るい背景＋濃い文字」か，その逆の読みやすい組みあわせを使う（たとえば，白い背景に黒の文字，青い背景に黄色の文字などの組みあわせ）。
5) 画像などのビジュアルイメージを使う（よく作られた画像イメージは100万語にも相当します。積極的に使い，さらに代表的なものは繰り返し使うことでプレゼンの指標とすることもできます。多くの場

合，記憶により残りやすいのは視覚に訴えるビジュアルイメージで，文章ではありません）。

㉒─ビジュアルを明瞭かつ簡潔に説明しよう

せっかく工夫して作ったビジュアルの説明がくどく，要領を得ていなければ，効果は半減です。ビジュアルのどこが大切なのか，そのポイントを明瞭かつ簡潔に説明しましょう。

◆発表（Delivery）でインパクトを与えよう

> ㉓─資料と機器をしっかり使いこなそう
> ㉔─明瞭で，聴きやすく，抑揚のある声で話そう
> ㉕─聴衆全員とアイコンタクトを取ろう
> ㉖─自信に満ちた姿勢・ジェスチャー・動きを取ろう
> ㉗─質問には自信を持ててきぱきと答えよう

私たちのコミュニケーションには大きく分けて言語によるもの（Verbal Communication）と非言語によるもの（Non-Verbal Communication）との2つがあります。プレゼンでは全人格，全身全霊をぶつけて聴衆にメッセージを伝えることが求められます。ぜひ，この2つの手段を最大限に活用して大きなインパクトを与えるプレゼンをしましょう。この項の，キーポイントは以下のとおりです。

㉓─資料と機器をしっかり使いこなそう

これは，プレゼンでは非常に重要です。大切なポイントをあげます。

1) 事前の練習をする（同じプレゼンをすでにやったことがあって，機器や資料の取り扱いに十分な自信があったとしても，事前に練習を繰り返します。その際，具体的な会場の雰囲気や聴衆のイメージを描きながら本番と同じように練習することが大切です）。

●終章＝成功に導く効果的な戦略と技術

2) 当日は会場に早く到着し，機器が作動するかどうか，その事前チェックを行なう。
3) 機器が作動しないリスクに備え，代替のプラン（Contingency Plan）を準備しておく（たとえば，事前に投影資料を送ってあるとしてもコピーを USB メモリーに入れて持っていく，パソコンが作動しないときは OHP あるいは紙の資料を使うなどです）。
4) 主人公としてプレゼン全体をコントロールする（主催者側に遠慮せずに機器や資料について必要な依頼や指示を行ないます。うまくいかなかったときに最大の被害を受け，大半の責めを負うのはほとんどの場合プレゼンター本人です）。
5) 機器マニアにならない（新しいパソコンやソフトをやたらと使いたがる人がいますが，多少古いバージョンでも，安心して使えるものが一番です。聴衆にとっては，プレゼンターが最新の IT 機器を駆使しているかどうかが重要なのではなく，それらをうまく統合して（Integrate）プレゼン全体を効果的にしているかどうかこそが重要なのです）。

㉔——明瞭で，聴きやすく，抑揚のある声で話そう

お経を詠み上げるような1本調子のプレゼンは，聴衆をあっという間に心地よい眠りの世界に誘ってしまいます。言語によるコミュニケーションをはかる際のいくつかの重要なポイントを以下にあげます。

1) キーワードやフレーズはしっかりと強く発音する。
2) 声には強弱や高低をつける。
3) ゆっくり話す。

それぞれのポイントについて，もう少し詳しく解説します。

1) 強調すべき個所はしっかり強く発音するのが原則です。逆にポイントとなる個所をゆっくりソフトに話すことで聴衆の関心を引きつける高度なテクニックもありますので，ときどき使ってみましょう。これは全員の関心が自分の話に向いていると確信がもてるときに使うと非

常に有効なワンランク上のテクニックです。
2) 聴衆の関心を引くために声に強弱や高低をつけます。四声を持つ中国語などと違って，日本語は音声的には単調に聞こえがちな言語といえます。母語の特徴が外国語である英語に投影されるのは当然なのですが（たとえば，フランス人のrの発音などです），あまりに1本調子だと中身に関わらず退屈なプレゼンと思われてしまうか，下手をすると，中身を理解するという努力さえ放棄されてしまうリスクがあります。できるだけ表情豊かに気持ちをこめて1人1人に向けて話しかけるようにしましょう。
3) プレゼンに関わる問題の多くは，ゆっくり話すことで解決されるとほぼ断言しても良いくらいです。抜群に優秀だが，ものすごく早口なインド人教授のプレゼンを聞いたことがありますが，聴衆の中にいたアメリカ人の教授が，「悪いけど，もっとゆっくり明瞭に話してくれませんか」と注文をつけていました。英語を母語とするアメリカ人にとっても，早口で訛りのある英語はわかりにくいのです。

緊張のあまり論文をそのまま一気呵成に猛スピードで読み切るというのは最悪の戦術です。早口は百害あって一利なし。ぜひ，ゆっくり，しっかり，丁寧にキーメッセージを伝えるように心がけましょう。

㉕―聴衆全員とアイコンタクトを取ろう

聴衆1人1人の目を見ながら話します。恥ずかしがり屋で，引っ込み思案の人が多い私たち日本人にはなかなかむずかしいですよね。よほど親しい恋人同士でもなければ，目を見て話すなんて「とても，とても」という方も多いでしょう。でも，目を見て話してくれない人の話は信用できないと思う人も世界には多いのです。また，目を見て話すことで，聴衆が自分の話をちゃんと聴いてくれているか，あるいは心地よい眠りの世界に引き込まれていないかどうかのチェックすることもできるのです。

この多くの日本人にとって苦手だと思われるアイコンタクトをするためのテクニックを2つ紹介しましょう。

● 終章＝成功に導く効果的な戦略と技術

  1）プレゼンのはじめに，どんな人たちが来てくれているかを聴衆の目をさっと見る感じで会場全体を見渡す。
  2）話を始めたら1人1人の鼻を見ながら話す。

 一言でいえば，さっと全員の目を見た後，個別には鼻を見ながら話すのです。そうすれば，聴衆は，このプレゼンターは自分の目を見ながら話してくれているなと「誤解」してくれるに違いありません。目を見て話すことが苦痛でない人は，もちろん目を見ながら話していただくほうが良いし，ぜひ，そうしていただきたいのですが，苦手な方は，ぜひ，この「鼻テクニック」をお試しください。

㉖──自信に満ちた姿勢・ジェスチャー・動きを取ろう

 自信に満ちた姿勢・ジェスチャー・動きといっても，横柄だと取られかねないものはいけません。じつは緊張で手のひらは汗でじっくりにもかかわらず，その逆のイメージを与えてしまうようなしぐさは不可です。プレゼンでやってはいけないしぐさというのもあります（前節の「非言語コミュニケーションのコツ」の項〈220ページ〉を参照）。

 なかなか自分の癖はわからないものです。仲間にビデオを撮ってもらい，後でレビューするのも非常に効果的な方法です。ぜひ，謙虚かつ前向きに取り組んでみてください。

㉗──質問には自信を持ってきぱきと答えよう

 質問に答える際の重要なポイントは以下のとおりです。
  1）事前に想定できる質問と答えを考えておく（1つ質問にうまく答えられれば落ち着くものです。できるだけ多くの想定問答をしっかり準備しておきましょう）。
  2）まず，よく聞く（プレゼンが終わったからといって安心して質問を聞き逃すことがないように）。
  3）質問は繰り返す（質問者の質問が他の聴衆に聞こえないことはよくあるものです。かならず質問は繰り返しましょう。その間に質問の答

えを考える時間が稼げるというメリットもあります)。
4) 答えはゆっくり丁寧にしましょう（慌てる必要はありません。大きな声でゆっくりと丁寧に答えましょう。英語を母語としない私たちは，ホワイトボードや黒板があれば，書いて答えるということもオーケーです)。
5) 答えがわからなくても慌てない（すべての質問に答えられる人などいません。聴衆もそこまでは期待していません。新しいオリジナルな研究であればあるほどそうです。「後で答えたい」あるいは「いまの段階ではわからないが，こういう研究をさらにすることで答えが見つかるかもしれない」などと真摯に対応することが大切です)。

◆目的（Purpose）は達成されたかを問おう

㉘―全聴衆に主メッセージを伝えよう
㉙―目的を達成しよう

㉘―全聴衆に主メッセージを伝えよう

聴衆にはいろいろな研究者が混在しています。主メッセージは関連分野に直接に関係する研究者や前列に座ってよくうなずいてくれた一部の人だけではなく，自分のプレゼンを聴きに来てくれた全員に伝えるべきです。全体を大きく見渡しながらしっかりと伝えましょう。

㉙―目的を達成しよう

目的は達成されましたか。その際に改めて以下のような問いかけをしてみましょう。
1) 自分の研究の成果は的確に伝わったか。
2) 多くの聴衆が自分の研究に興味を持ち，論文も読んでくれそうか。
3) 将来の共同研究のパートナーが見つかりそうか。
4) 自分自身がプレゼンの準備とプレゼンそのものを通じて改めて研究

●終章＝成功に導く効果的な戦略と技術

の意義と今後の課題を確認できたか。
　5）研究分野や社会に対する貢献への意識が高まったか。
　こうした振り返りは，将来の研究活動や今後のプレゼンを成功させるためにはかならず必要です。「ああ，終わった。良かった〜」だけではなく，将来の糧にできるように謙虚に反省し，プレゼンの貴重な機会から何かより大きなものをつかみとるようにしましょう。

◆全体（Overall）を振り返ろう

㉚── VSOP フレームを活用しよう

㉚── VSOP フレームワークを活用しよう

　最後にプレゼン全体を振り返ります。VSOP のフレームワークは活用できましたか。もう一度 VSOP に戻ってみましょう。そうすることで，今後の研究に対する情熱をたぎらせ，次のステップを見据えるための一助としましょう。

◆ PQ の高みをめざそう

　さて，全体の振り返りとして，ここで新たに PQ（Presentation Skills Quotient）という新しい考え方をご紹介しましょう。
　みなさんは IQ・EQ などの言葉をご存知ですよね。IQ は知能指数，EQ は心の知能指数または情動指数などと訳されています。異文化の分野では，最近は CQ という言葉も登場しました。これは，Earley & Mosakowski が "Harvard Business Review"（2004 年 10 月号）に発表した考え方で，「文化的能力指数」などと訳されていますが，要は多様性適応能力を大きく 3 つに分類してまとめたものです。その 3 つとは以下を指します。
　　1）認知（Cognitive ＝ Head）
　　2）行動（Physical ＝ Body）
　　3）感情（Emotional／Motivational ＝ Heart）
　それぞれの分野では，多様性に対応するためのさまざまな能力が問われて

います。
1) 認知では──準備・学習・察知の能力
2) 行動では──言語・非言語的な能力
3) 感情では──対人・文化・生活習慣・未知に対処する能力

などです。

　CQ の説明が長くなりましたが，この考え方を応用してプレゼンについて考えてみると，驚くほどぴったりとあてはまることがわかります。つまり，プレゼンでは次の能力が問われています。
1) 知の分野では───プレゼンを準備し，コンテンツを作成する能力
2) 行動の分野では──言語的かつ非言語的なプレゼンの能力
3) 感情の分野では──緊張したり，慌てたりといった感情をコントロールする能力やモーティベーションを高める能力

　そこで，プレゼンの能力を PQ (Presentation Skills Quotient) として「プレゼンスキル指数」と呼ぶことにしたいと思います。

　そして，いままでお話してきた，プレゼンのスキルとツールについて要約した一覧を 248 ページに示します。これをプレゼンの出来・不出来を判断するためのチェックリストとして使います。この一覧表は，藤井がプレゼンのプロコーチであるテリー・サイモンズ氏と共著で著した『戦略的英語プレゼンテーション』（DHC 社）から採択し，学術プレゼン用に修正を加え，改良したものです。

　それぞれの項目ができていれば 1 点，できていなければ 0 点として総合点をだします。そして，その総合点によって Master（達人），Professional（プロフェッショナル），Disciple（弟子）の 3 つに分けます。
1) 80～100%（24～30 点）──→ Master（達人）
2) 60～79%（18～23 点）──→ Professional（プロフェッショナル）
3) 0～59%（0～17 点）───→ Disciple（弟子）

　Master なら申し分なし，Professional なら，さらに上の Master をめざし，Disciple なら，さらに修行を積んで，まず Professional をめざすというわけです。

●終章＝成功に導く効果的な戦略と技術

プレゼンスキル指数

分　類	評価
◆準備をしっかりしよう	
①―目的を定めよう	
②―聴衆は誰かを知ろう	
③―クロージングを決めよう	
④―オープニングを決めよう	
⑤―ボディーを作り上げよう	
⑥―ビジュアルエイドを使おう	
⑦―全部をまとめよう	
◆導入を決めよう	
⑧―聴衆の関心を引きつけよう	
⑨―聴くに値するプレゼンターであることを伝えよう	
⑩―目的とおもなポイントを明確かつ簡潔に伝えよう	
⑪―なぜ聴くべきかの理由を強調しよう	
⑫―主要なポイントの概略を述べよう	
⑬―時間枠と進行予定を確立しよう	
◆ボディー／コンテントをがっちり固めよう	
⑭―中身を適切で興味あるものにしよう	
⑮―論理的に２〜５のおもなポイントにまとめよう	
⑯―アイデアをつなぐ指標やトランジッション表現を使おう	
⑰―裏づけとなるデータを使い、ポイントを明確に説明しよう	
⑱―明瞭・正確かつ簡潔な言葉を使おう	
◆結論をしっかり伝えよう	

Presentation Skills Quotient

Categories	Appraisal
◆ **Preparation**	
①— Decide your objectives	
②— Consider your audience	
③— Decide your close	
④— Decide your opening	
⑤— Develop your body	
⑥— Use visual aids	
⑦— Put it all together	
◆ **Introduction**	
⑧— Grab the audience's attention	
⑨— Establish personal credibility	
⑩— State purpose & main points clearly & concisely	
⑪— Stress reasons to listen	
⑫— Outline main points to follow	
⑬— Establish time frame & procedure	
◆ **Body／Content**	
⑭— Create appropriate & interesting content	
⑮— Organize content to 2 to 5 main points	
⑯— Use signposts & transitions to link ideas	
⑰— Explain points clearly with supporting information	
⑱— Use clear, accurate & concise language	
◆ **Conclusion**	

● 終章＝成功に導く効果的な戦略と技術

⑲──明確な要約を使い、おもなポイントを振り返ろう	
⑳──最後はアピールと行動の呼びかけで締めくくろう	
◆ビジュアルエイドを使いこなそう	
㉑──中身に直接関連し、上手にデザインされたものを作ろう	
㉒──ビジュアルを明瞭かつ簡潔に説明しよう	
◆発表でインパクトを与えよう	
㉓──資料と機器をしっかり使いこなそう	
㉔──明瞭で、聴きやすく、抑揚のある声で話そう	
㉕──聴衆全員とアイコンタクトを取ろう	
㉖──自信に満ちた姿勢・ジェスチャー・動きを取ろう	
㉗──質問には自信を持っててきぱきと答えよう	
◆目的は達成されたかを問おう	
㉘──全聴衆に主メッセージを伝えよう	
㉙──目的を達成しよう	
◆全体を振り返ろう	
㉚── VSOP フレームワークを活用しよう	
合　計	／30
私は〈達人（24～30）・プロフェッショナル（18～23）・弟子（0～17）〉です。	

● **プレゼンスキル評価のコツ**

　この表を使ってプレゼンスキルを評価する際の心がまえのポイントを紹介します。それは次の5つです。

①**正直に記入する**──できるだけ自分に厳しく評価します。本番における聴衆の厳しい評価に耐えられるように、まず自分に厳しくしましょう。

②**何度も評価する**──評価は1度で終わりではありません。何度もチャンスがありますし、そのために十分な時間をとるようにしましょう。

③**評価のたびごとに点数が上がるようにする**──ただ漫然と評価を繰り返すだけでは意

⑲— Review main points using a clear summary	
⑳— End with an appeal & a call for action	
◆ **Visual Aids**	
㉑— Create relevant and well-designed visuals	
㉒— Explain visuals clearly & concisely	
◆ **Delivery**	
㉓— Be in control of the material & equipment	
㉔— Use clear, audible & varied voice	
㉕— Maintain eye contact with the entire audience	
㉖— Project confidence using posture, gesture & movements	
㉗— Answer questions confidently & competently	
◆ **Purpose**	
㉘— Convey main messags to the whole audience	
㉙— Achieve purpose	
◆ **Overall**	
㉚— Use VSOP framework	
Total	/30
I am a 〈Master（24〜30）・Professional（18〜23）・Disciple（0〜17）〉.	

味がありません。評価のたびごとに点数が上がるように，0点を1点に上げられるよう1つ1つの項目を丁寧につぶしていきましょう。

④-**プレゼンの後，振り返りの評価をする**——本番が終わった後，「終わった。バンザイ」ではなく，実際にプレゼンをしてどうだったのかを正直かつ謙虚に振り返りましょう。

⑤-**次回のプレゼンの前に前回の評価を振り返る**——次回のプレゼンの前には前回のプレゼンの評価を振り返り，回を重ねるごとに達人の高みに到達しつつあることを一歩ずつ確認していきましょう。

● 著者紹介

●藤井正嗣（ふじい まさつぐ）
▶早稲田大学・理工学術院教授。
▶米国カリフォルニア大学（バークレー校）数学科および同大学院修士課程卒業。ハーバード・ビジネス・スクール AMP（上級マネジメントプログラム）修了。
▶三菱商事時代はクアラルンプール支店食料・繊維・資材マネージャー，アメリカ食料子会社社長兼社長，人事部・国際人材開発室長，人事子会社取締役人材開発事業部長，インド冷凍物流合弁会社 Executive Director などを歴任。同社退職後，外資系インターネット教育会社日本代表。
▶NHK 教育テレビ講師として「イエスと言わせる——ビジネスマンの説得術」(1997年)，「英語ビジネスワールド—— Lead！— The MBA Way」(2000年10月～2001年3月) を担当。
▶おもな著書に，「英語で学ぶ MBA ベーシックス」「柔道ストラテジー（訳）」(NHK 出版)，「英語で読み解くハーバード AMP」「仕事現場の英会話 商社編」「プレゼンのプロが教える戦略的英語プレゼンテーション」(DHC)，「英語でプレゼン」「英語でミーティング」「英語でスピーチ」「英語コミュニケーション戦略」(日興企画) がある。

●森住史（もりずみ ふみ）
▶茨城キリスト教大学・文学部准教授（英語・言語学・コミュニケーション学）。教育学博士。
▶国際基督教大学・教養学部語学科卒業。国際基督教大学・教育学研究科・博士課程前後期修了。
▶学部生のときにはロンドンに，博士課程在籍中にはエディンバラに，それぞれ1年ずつ留学。
▶専門は社会言語学および英語教育。おもな研究テーマはジェンダーや談話分析で，外国語学習における男女間の意識やアイデンティティーの差，メタファーに現われる女性観など。社会言語科学学会・日本通訳学会会員。
▶現在，大学で教育に携わるかたわら通訳者として，またサイマル・アカデミー通訳者養成コースの講師としても活躍。通訳の分野は多国籍あるいは外資企業の社内会議や企業間の会議などのビジネスをはじめ，官公庁の依頼によるものまで多岐にわたる。

●アイコウカオリ
▶武蔵野美術学園・本科油絵科卒業。
▶『英語コミュニケーション戦略』『図解・子供にも教えたい算数の英語』(日興企画) をはじめ，書籍・雑誌などにイラストやカットを描く。
▶イベントのポスターやチラシの制作，ミニコミ誌のデザインや編集も手がける。

これで成功する
やさしい英語でできる研究プレゼン
理工・技術系／経済・社会系の場面別文例と基本スキル

2009年2月12日…初版発行	発行者…竹尾和臣
2012年5月1日…2刷発行	装丁者…(株)クリエイティブ・コンセプト
	制作者…友兼清治
	発行所…株式会社日興企画
	〒104-0045 東京都中央区築地2-2-7 日興企画ビル
	電話＝03-3543-1050　Fax＝03-3543-1288
	E-mail＝book@nikko-kikaku.co.jp
	URL＝http://www.nikko-kikaku.com
	郵便振替＝00110-6-39370
著者……藤井正嗣	印刷所…シナノ印刷株式会社
森住　史	定価……カバーに表示してあります。

ISBN978-4-88877-655-4 C2082　　©Masatsugu FUJII & Fumi MORIZUMI 2009, Printed in Japan

【小社出版物のご案内】定価・価格はすべて税込みです。

●大井恭子+加藤寛＝監修　井上幹子+小野尚美+加藤澄恵＝著　224ページ・A5判

ビジネスに成功する 英文レターの書式と文例
プレスリリース・請求書から契約書・研究報告まで

8つのひな型、32の実例、350の文例で、用途に合わせた書式やビジネス成果を高めるパラグラフ構成、丁寧でフォーマルな表現が理解できる。　★定価2310円

●木下和好＝著　平均228ページ・A5判

CD付 字幕なしで映画がわかる 英語耳の筋トレ
最短10日間・聞き分けテスト880問

英語固有の母音と子音の聞き取り練習から始めて、聞き取りを邪魔する最大要因である「英語の省エネ発音」を豊富なテストを通してトレーニングする。CD2枚付き。　★定価2940円

CD付 思ったことが瞬時に言える 英会話トレーニング
バイリンガルになれるYouCanSpeakメソッド

複文を自由に使いこなし、より長く情報量の多い英語を思いのままに話せるようになる画期的な独習マニュアル。CD1枚付き。　★定価2835円

●藤井正嗣+野村るり子＝著　平均238ページ・A5判

英語でプレゼン
そのまま使える表現集

ビジネス・プレゼンでよく使われる最新の基本表現1200文例を、イントロ、ボディ、コンクルージョン、質疑応答の流れに沿って収録。　★定価2100円　CD版 別売（価格2520円）

英語でミーティング
そのまま使える表現集

社内会議から国際会議まで組み合わせ自由な基本表現1100文例を司会者と参加者に分けて収録。スキルとツールも解説。　★定価2310円　CD版 別売（価格2520円）

英語でスピーチ
そのまま使える表現集

国際会議や式典・パーティー・冠婚葬祭等で聴衆を魅了する組み合わせ自由な基本表現700文例と模範的なサンプル・スピーチ18例。　★定価2415円　CD版 別売（価格2520円）

●藤井正嗣+ゲーリー・スコット・ファイン＝著　256ページ・A5判

会話を円滑に進める 英語コミュニケーション戦略
トランジッション・イディオム・エクスプレッションの的確な使い方

話の流れを①つくる、②整える、③広げる、④変える、⑤まとめる、の5つのプロセスに分け、よく使われるトランジッションやイディオムを収録。　★定価2730円

●西村信勝+清水和明+ジェラルド・ポール・マクリン＝著　304ページ・A5判

基礎からわかる 金融英語の意味と読み方

金融の仕組みを理解し、金融英語を読みこなす上で必ず押さえておきたい約120の基本用語をやさしく解説。　★定価2625円

●清水和明＝著　204ページ・A5判

マーケットの目で読む英米の金融・経済記事
しくみと動きと視点

為替、市況、金利と債券、株式、不良債権、投資信託とヘッジ・ファンド、法令遵守等、20の英字新聞・雑誌記事を詳しく解説。　★定価2100円

●倉島保美+古波倉正嗣＝著　228ページ・A5判

TOEIC® TEST形式で学ぶ 通じる英語・通じない英語

日本人が共通に苦手とする100項目について、OK文とNG文を対比しながらわかりやすく解説。TOEIC®TEST形式の演習付き。　★定価1890円

●銀林浩+銀林純＝著　平均220ページ・A5判

基礎からわかる 数・数式と図形の英語
豊富な用語と用例

日常的に使われ、実務文や技術文にも頻出する算数から高校数学までの用語や数式の英語表現を単元別に解説。　★定価2625円

図解 子供にも教えたい 算数の英語
豊富な用語と用例

小学校の算数の教科書に登場する基本用語や語句・規則・文章題など英語表現を図解を豊富に使って単元ごとに解説。　★定価1890円

●ポール・スノードン+瀬谷ひろ子＝著　221ページ・A5判

言えそうで言えない 数の英語
金融/生活/ビジネス/スポーツ/情報

知っていると便利で役に立つ数の英語表現が、練習問題を解きながらパズル感覚で身につく数の英語練習帳。　★定価2310円

●ポール・スノードン＝著　232ページ・A5判

あなたはこの数を英語で言えますか

日常の様々な数の英語表現―数式、割合、時間、家計、衣食住、健康、通信―等を豊富な例文で紹介した用例集。　★定価2100円

●国際ビジネス実戦セミナー　　平均240ページ・A5判

■岩崎洋一郎＋仲谷栄一郎＝著

交渉の英語 ①
国際交渉の考え方

交渉の申し入れ－ビジネス面の交渉－契約書をめぐる交渉－紛争が生じた際の交渉－難局を切り抜ける交渉術。　　★定価2835円

交渉の英語 ②
相手を説得する技術

本題に入るまで－売買契約－代理店契約－ライセンス契約－合弁契約－契約書をめぐる交渉－クレームの交渉。　　★定価2835円

CD版 別売(価格2625円) ★ケース入りセット版(テキスト＋CD＝5460円)も有り

交渉の英語 ③
難局を切り抜ける技術

主張する－提案する－質問する・答える－同意する・反対する－逃げる－非常事態に対応する－トリック戦法。　　★定価2835円

CD版 別売(価格2625円) ★ケース入りセット版(テキスト＋CD＝5460円)も有り

■小中信幸＋仲谷栄一郎＝著

契約の英語 ①
国際契約の考え方

問題を所在をつかむ－「英文」として読む－「契約書」として読む－わかりやすく書くありのままに訳す。　　★定価2940円

契約の英語 ②
売買・代理店・ライセンス・合弁

国際契約書の平易な例文を素材に、問題点や有利な国際契約を結ぶための交渉方法を、条文ごとにやさしく解説。　　★定価2940円

●篠田義明の実用英語シリーズ　　平均220ページ・A5判

国際会議・スピーチに必要な英語表現

出迎え・就任・乾杯・哀悼などの挨拶－開会・議事進行・閉会など司会や議長の言葉－提案・質議など会議中の用語。　　★定価2835円

CD版 別売(価格3465円) ★ケース入りセット版(テキスト＋CD＝6300円)も有り

科学技術論文・報告書の書き方と英語表現

目次・序論・研究方法など論文や報告書の書き方と表現。目的・実験・試験・調査・例題など論文の展開に役立つ表現。　　★定価3150円

科学技術論文に頻出する英語表現 ① ●数式・図形・測定・分析＝編

加減乗除・比例－方程式・微分積分・集合・確率－平面図形・立体図形・角度・面積・体積・測定・観察・試料・分析。　　★定価2205円

ネゴシエーション・会議に必要な英語表現

意見や感想を述べる－意向を問う－提案や報告を検討する－議論や質疑を展開させる－会話中によく用いることば。　　★定価2625円

CD版 別売(価格3465円) ★ケース入りセット版(テキスト＋CD＝6090円)も有り

数理・理工英語の基本用語と活用文例

基本用語を五十音順に配列し、対応する基本英文をできる限り完全な文の形で紹介した和英対照の表現事例集。　　★定価3465円

機械工学英語の基本用語と活用文例

おもに現場用語、現実的な表現事例を優先的に採用。機械工学技術英語一般の語法・文型・表現の基礎を学ぶのに最適。　　★定価3465円

コンピューターとインターネット英語の用語と文例

ワープロ・表計算・データベース・グラフィックスなどパソコンソフトからインターネット・メールまでの基本用語。　　★定価2940円

パーティー・プレゼンテーションに必要な英語表現

自己紹介・就退任・表彰・創立記念・慶甲儀式－経営や営業の方針・新商品紹介・販促・調査報告－発言中にはさむ言葉。　　★定価2625円

CD版 別売(価格3465円) ★ケース入りセット版(テキスト＋CD＝6090円)も有り

● 浅見ベートーベン＝著　　平均230ページ・A5判

場面別 ネゴシエーションの英語
社内準備から成約まで

社内準備から成約に至るビジネスのさまざまな場面で、英語での交渉を成功させるための英語表現と交渉テクニックの解説。　★定価2100円

書く話す ビジネス英語の要点と用例

使用頻度の高い基本語を見出し語に選び50音順に配列した、書きたい・話したいフレーズがすぐに引き出せる応用自在な表現。　★定価3150円

● 富井篤の[わかる・使える]実務英語シリーズ　　平均270ページ・A5判

《第1巻》 新・実務英語入門 書き方と訳し方

表現・文法・構文から英文ルール・記号まで、その重要項目を厳選し、初心者向けに解説したダイジェスト版。　★定価2940円

《第2巻》 数量英語の書き方入門

数と量−基数詞と序数詞−単位と準単位−比較−倍率−割合−以下・以上・超え・未満−間隔・範囲−桁・位。　★定価2625円

《第3巻》 数量英語の活用文例集

数量表現の基本パターン−厚さ−距離−高さ−長さ−時間−年代−圧力−重さ−比重−トルク−温度−加速度。　★定価2625円

《第4巻》 実務英語の簡潔表現と文例集

英文を書くときに必要になる主要な表現77件を選び、さらに300の細項目にわけて内容ごとにその書き方を解説。　★定価3990円

● 﨑村耕二＝著　　232ページ・A5判

強くなる 英語のディスカッション
意見交換から討論・交渉まで

意見や主張をきちんとやり取りし、上手に議論するための基本表現と解説。ちょっとした意見交換から討論・会議・交渉まで、使用頻度の高い表現を精選。　★定価2415円

● 安田正＝著　　218ページ・A5判

ビジネス最前線の英語上達法
50万人以上の研修実績を持つビジネス英語習得法の決定版

日本語を英語に置き換える2つのルート、333語の基本動詞、動詞中心の発想法などユニークな英会話習得法。　★定価1890円

CD-ROM 別売（価格9975円）　★英文の組み立てを楽しみながら学べる教材

● 島村昌孝＝著　　284ページ・A5判

「知らなかった」では済まされない 監査役の仕事

詳しい事例やQ&Aを豊富に使い監査実務をわかりやすく解説。就任日からすぐに役立つ実践マニュアル。　★定価3885円

● 平松陽一＝著　　平均268ページ・A5判

教育研修プラン推進マニュアル

基盤づくりからプログラム作成、展開、実務まで、研修を効果的に進めるためのノウハウをチャートを豊富に使って解説。　★定価2940円

教育研修の効果測定と評価のしかた

研修の理解度や効果を正しく測定・評価し、次の人材育成や経営成果の向上に生かす方法を詳しく解説。　★定価2730円

● 細江知男＝著　　186ページ・四六判

なるほどそうだったのか 格付が上がったらこんなに借りられた

元大手銀行員がこっそり教える融資のコツ　有利な条件で融資を受けるための「銀行格付」をアップする具体的な方法と、銀行の上手な使い方。資金繰りで悩む中小企業経営者必読の一冊。　★定価1680円

● 井上雅祥＝著　　312ページ・四六判

癒しの響き　治す力・癒す力・託す力

テラピストでもある著者が、生命の尊さを深い心で感受する機会を失ってしまった現代に、自らの力で善転させていくことを提唱する。　★定価1680円